中国学生成长速读书

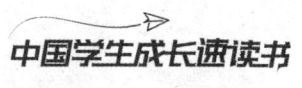

总策划／邢涛　主编／龚勋

孙子兵法与三十六计中的大智慧

汕头大学出版社

孙子兵法与三十六计中的大智慧
GREAT WISDOM OUT OF THE ART OF WAR BY SUNZI AND THE THIRTY-SIX STRATAGEM

FOREWORD
前　言

　　《孙子兵法》由春秋时期的著名军事家孙武所著。它是古代战争实践的产物，成书至今已有二千五百多年，是我国乃至世界上现存最早、最有影响的军事理论巨著，被后世尊为"兵家圣典"、"武学奇书"。

　　《三十六计》是根据中国古代卓越的军事思想和丰富的斗争经验总结而成的一部智谋全书，精炼地概括了中国历代智慧谋略的全部精华，是一部堪称"益智之荟萃、谋略之大成"的兵学奇书。

　　鉴于《孙子兵法》和《三十六计》这两本书所蕴涵的精妙智慧，我们把它们综合在一起，编写了《孙子兵法与三十六计中的大智慧》这本书。本书在原文的基础上，列举了大量的古代战争实例，鲜活生动的文字不仅再现了古代战争的场景，更对古代军事家运筹帷幄的心理进行了深入剖析，让人在掩卷沉思时获得收益。

　　为了使读者更加真实、直观地阅读本书，我们还配置了大量精美的图片，让您在轻松的阅读中了解军事、体味智慧。

孙子兵法与三十六计中的大智慧

GREAT WISDOM OUT OF THE ART OF WAR BY SUNZI AND THE THIRTY-SIX STRATAGEM

目录 CONTENTS

◆ 孙子兵法 ◆

第一篇　计篇 8
兵法范例　明修栈道　暗度陈仓 11
兵法范例　吴越之战 12

第二篇　作战篇 14
兵法范例　李牧智获匈奴马 17

第三篇　谋攻篇 18
兵法范例　烛之武哭秦师 22
兵法范例　弦高犒师退秦军 23

第四篇　形篇 24
兵法范例　冒顿灭东胡 27
兵法范例　秦灭楚之战 28

第五篇　势篇 30
兵法范例　淝水之战 32

第六篇　虚实篇 34
兵法范例　李广计退匈奴兵 37
兵法范例　铁木真疲敌胜乃蛮 38
兵法范例　张巡草人借箭 39

第七篇　军争篇 40

兵法范例　四面楚歌败项羽 43
兵法范例　张飞喝断当阳桥 44
兵法范例　阿骨打智激将士胜辽军 ... 45

第八篇　九变篇 46
兵法范例　周亚夫平定七国之乱 48
兵法范例　敢于抗命的赵充国 49

第九篇　行军篇 50
兵法范例　田穰苴威服三军 55

第十篇　地形篇 56
兵法范例　崤山之战 59

第十一篇　九地篇 60
兵法范例　破釜沉舟 66
兵法范例　赫连勃勃死地求生 67

第十二篇　火攻篇 68
兵法范例　火烧藤甲兵 70
兵法范例　朱元璋妙计破火攻 71

第十三篇　用间篇 72
兵法范例　陈平离间项羽君臣 74

孙子兵法与三十六计中的大智慧

GREAT WISDOM OUT OF THE ART OF WAR BY SUNZI AND THE THIRTY-SIX STRATAGEM

目录 CONTENTS

◆ 三十六计 ◆

第一套　胜战计 77
　第一计　瞒天过海 78
　　用计范例　鱼臭惑众　胡亥篡位 79
　第二计　围魏救赵 80
　　用计范例　徐达迂回破元军 81
　第三计　借刀杀人 82
　　用计范例　二桃杀三士 83
　第四计　以逸待劳 84
　　用计范例　齐鲁长勺之战 85
　第五计　趁火打劫 86
　　用计范例　多尔衮趁乱入主中原 87
　第六计　声东击西 88
　　用计范例　班超声东击西制龟兹 89
　　用计范例　耿弇声东击西平齐地 90

第二套　敌战计 91
　第七计　无中生有 92
　　用计范例　武则天生事陷害王皇后 93
　第八计　暗度陈仓 94
　　用计范例　赵匡胤明里抗辽，暗谋帝位 ... 95
　第九计　隔岸观火 96
　　用计范例　苏代献计退秦兵 97
　第十计　笑里藏刀 98
　　用计范例　李斯笑里藏刀逼死韩非 99
　第十一计　李代桃僵 100
　　用计范例　赵氏孤儿 101
　第十二计　顺手牵羊 102
　　用计范例　隋文帝灭陈 103
　　用计范例　伯颜顺势除政敌 104

第三套　攻战计 105
　第十三计　打草惊蛇 106
　　用计范例　徐庶试马识人 107
　第十四计　借尸还魂 108
　　用计范例　死诸葛吓跑活司马 109
　第十五计　调虎离山 110
　　用计范例　伍子胥调虎离山除强敌 111
　第十六计　欲擒故纵 112
　　用计范例　晏子的欲擒故纵术 113
　第十七计　抛砖引玉 114
　　用计范例　秦国抛"金"诱蜀 115
　第十八计　擒贼擒王 116
　　用计范例　陈玄礼锄奸服众 117

孙子兵法与三十六计中的大智慧

GREAT WISDOM OUT OF THE ART OF WAR BY SUNZI AND THE THIRTY-SIX STRATAGEM

目录 CONTENTS

用计范例　吴王诈病擒政敌 …………… 118

第四套　混战计 ……………… 119

第十九计　釜底抽薪 …………………… 120

用计范例　文彦博釜底抽薪平市场风波 … 121

第二十计　浑水摸鱼 …………………… 122

用计范例　刘备浑水摸鱼取南郡 ……… 123

第二十一计　金蝉脱壳 ………………… 124

用计范例　孙坚、祖茂巧脱险 ………… 125

第二十二计　关门捉贼 ………………… 126

用计范例　黄巢关门捉贼 ……………… 127

第二十三计　远交近攻 ………………… 128

用计范例　范雎说秦王 ………………… 129

第二十四计　假道伐虢 ………………… 130

用计范例　楚文王假道灭蔡 …………… 131

用计范例　刘邦赏仇释嫌 ……………… 132

第五套　并战计 ……………… 133

第二十五计　偷梁换柱 ………………… 134

用计范例　郑庄公偷梁换柱破敌 ……… 135

第二十六计　指桑骂槐 ………………… 136

用计范例　海瑞智惩胡公子 …………… 137

第二十七计　假痴不癫 ………………… 138

用计范例　康熙装痴除鳌拜 …………… 139

第二十八计　上屋抽梯 ………………… 140

用计范例　窦建德骄敌破隋军 ………… 141

第二十九计　树上开花 ………………… 142

用计范例　田单的火牛阵 ……………… 143

第三十计　反客为主 …………………… 144

用计范例　反客为主降李密 …………… 145

用计范例　郭子仪单骑见回纥 ………… 146

第六套　败战计 ……………… 147

第三十一计　美人计 …………………… 148

用计范例　赔了夫人又折兵 …………… 149

第三十二计　空城计 …………………… 150

用计范例　宗泽沉着守汴京 …………… 151

第三十三计　反间计 …………………… 152

用计范例　赵匡胤收贿上缴破敌间 …… 153

第三十四计　苦肉计 …………………… 154

用计范例　周瑜打黄盖 ………………… 155

第三十五计　连环计 …………………… 156

用计范例　刘锜连环胜兀术 …………… 157

第三十六计　走为上计 ………………… 158

用计范例　范蠡功成身退 ……………… 159

孙子兵法

THE ART OF WAR BY SUNZI

《孙子兵法》全书共十三篇，包括计篇、作战篇、谋攻篇、形篇、势篇、虚实篇、军争篇、九变篇、行军篇、地形篇、九地篇、火攻篇、用间篇。《孙子兵法》博大精深，文约旨远。

为了便于理解，本书对原书文字做了较为详细的注释和译解，并以"智慧解读"的形式对原文所论述的军事思想与用兵原则做了简明扼要的阐释。"兵法范例"部分列举了大量战例，结合中国古代的战争实践进一步说明其思想观点在实战中的运用。

《孙子兵法》具有非凡的生命力与使用价值，其社会影响已经远远超出军事领域。《孙子兵法》不仅是政治家的治国方略、哲学家的人生宝鉴、外交家的谈判法宝、文学家眼中的艺术珍品，更成为广大读者了解战争、熟悉谋略的最佳读本。

第一篇 计篇

《计篇》论述开战之前，对敌我双方的政治、经济、军事、天时、地利和将帅才能等现有的客观条件做出估计和对比，即从整体上对决定敌我双方战争胜负的各项基本条件进行认真筹划、深入比较、分析和研究，从而对战争的发展进程和最终结局进行预测，做出全局性决策。

【原文】

孙子曰：兵者，国之大事，死生之地，存亡之道，不可不察也。

【注释】

兵：本意为兵器，引申为兵士、军队、战争等。这里指战争。

察：考察研究。

【译文】

孙子说：战争是国家的大事，它关系到军民的生死，国家的存亡，是不能不认真考察研究的。

连发弩机
连发弩机是古代的一种兵器。

【原文】

故经之以五事，校之以计而索其情：一曰道，二曰天，三曰地，四曰将，五曰法。

【注释】

经之以五事：指从道、天、地、将、法五个方面分析研究战争胜负的可能性。经，量度，这里是分析研究的意思。

校之以计而索其情：比较敌对双方的各种条件，从中探求战争胜负的情势。校，通"较"，比较；计，筹划；索，求索，探索。

【译文】

所以，要从以下五个方面分析研究，通过对双方情况的比较，以探求战争胜负的情势：一是政治，二是天时，三是地利，四是将领，五是法制。

【原文】

道者，令民与上同意也，故可以与之死，可以与之生，而不畏危。

【注释】

令民与上同意：使民众与国君意愿相一致。上，指国君；意，意愿、意志。

不畏危：不害怕危险。

【译文】

所谓"道"，是使民众与国君的意愿相一致，这样，民众在战争中就会为国君出生入死而不怕危险。

英勇无畏的汉武士头像

【原文】

天者，阴阳、寒暑、时制也。地者，远近、险易、广狭、死生也。将者，智、信、仁、勇、严也。

【注释】

阴阳、寒暑、时制：阴阳，指昼夜、晴雨等时令、天气；寒暑，指寒冷、炎热等气温差异；时制，指四季时令的更替。

远近、险易、广狭、死生：这里指路程的远近、地势的险要与平坦、作战地域的广阔或狭窄、地形是否利于攻守进退。

智、信、仁、勇、严：指将帅的智谋才能、赏罚有信、爱护士卒、勇敢果断、军纪严明。

手牵战马的将领
将领的决策是决定战争胜负的一个方面。

鎏金武士获俘扣饰
扣饰虽小，但也是古代的一种军备物资。

【译文】

所谓"天"，是指昼夜、晴雨、寒冷、炎热、四季更替。所谓"地"，是指路程的远近，地势的险要平坦，作战地域的广阔狭窄，地形是否利于攻守进退。所谓"将"，是指将帅的智谋才能、赏罚有信、爱护士卒、勇敢果断、军纪严明。

【原文】

法者，曲制、官道、主用也。凡此五者，将莫不闻，知之者胜，不知者不胜。

【注释】

曲制、官道、主用：曲制，指军队组织编制等制度；官道，指各级将吏的职责区分、统辖管理等制度；主用，指军备物资、军事费用的供应管理制度；主，掌管；用，物资费用。

【译文】

所谓"法"，是指军队的组织编制、将吏的统辖管理和职责的区分、军用物资的供应、掌管等制度规定。以上五个方面的情况，将帅们没有不知道的，只有深刻了解、确实掌握以后才能打胜仗。否则，就不能取胜。

元帅印
在古代，元帅要想发布命令需要有帅印。

【原文】

故校之以计而索其情，曰：主孰有道？将孰有能？天地孰得？法令孰行？兵众孰强？士卒孰练？赏罚孰明？吾以此知胜负矣。

【注释】

孰：谁，这里指哪一方。

【译文】

因此要通过双方几个方面来分析比较，以探求战争胜负的情形，就是说：哪一方的国君比较贤明？哪一方的将帅比较有才能？哪一方占据比较有利的天时、地利条件？哪一方的法令能切实贯彻执行？哪一方的武器装备精良？哪一方的士卒训练有素？哪一方赏罚公正严明？我们根据以上分析对比，就可以判明谁胜谁负了。

【原文】

将听吾计，用之必胜，留之；将不听吾计，用之必败，去之。

【注释】

将听吾计：一说，"将"，如果。作为"听"的助动词解。这样的意思是：如果能听从我的计谋；另一说，"将"指一般的将领，这样的意思是：将领们能听从我的计谋。

铜火铳
一种管形射击火器，在北方少数民族的攻占中已出现，是一种比较精良的武器装备。

【译文】

如果能够听从我的计谋，用兵作战一定胜利，我就留下；如果不能听从我的计谋，用兵作战一定失败，我就离去。

【原文】

计利以听，乃为之势，以佐其外。势者，因利而制权也。

【注释】

计利以听：指有利的作战方略已被采纳。计，计策，这里指战争决策；以，通"已"；听，听从，采纳。

因利而制权：根据是否有利而采取相应的行动。制权，即根据情况采取相应的行动；制，从也；权，权变。

【译文】

有利的作战方略被采纳后，还要设法造"势"，以辅助作战的进行。所谓"势"，就是凭借有利于自己的条件灵活应变，而采取相应的行动。

【原文】

兵者，诡道也。故能而示之不能，用而示之不用，近而示之远，远而示之近。

【注释】

能而示之不能：本来能攻，显示为不能攻；本来能守，显示为不能守。示，显示，这里是伪装的意思。

用而示之不用：本来要打，故意装作不打；本来要用某人，故意装作不用他。

近而示之远：本来要从近处进攻，却显示要从远处进攻。

【译文】

用兵打仗是一种诡诈的行为。因此要做到：能攻而装作不能攻，要打而装作不要打，要用某人而故意不用；要在近处行动，而装作要在远处行动；要在远处行动，则装作要在近处行动。

【原文】

利而诱之，乱而取之，实而备之，强而避之，怒而挠之，卑而骄之。

王命传虎令
春秋时各国用来调遣军队、发布命令的凭信。

【注释】

实而备之：对待实力雄厚之敌，需严加防备。实，实力雄厚；备，防备。

【译文】

敌人贪利，就用小利引诱他；敌人混乱，要乘机攻取他；敌人力量充实，要加倍防备他；敌人兵强卒锐，要暂时避开他；对于易怒的敌人，要用挑逗的办法去激怒他；对于鄙视我方的敌人，要使其更加骄傲。

【原文】

佚而劳之，亲而离之。攻其无备，出其不意。此兵家之胜，不可先传也。

【注释】

佚而劳之：对于休整得充分的敌人，要设法使其疲劳。佚，通"逸"，安闲、安逸。

不可先传：指不可事先具体规定，即必须在战争中根据情况灵活运用。

西周康生豆
豆是古代专门盛放腌菜、肉酱等调味品的器皿。

【译文】

对于休整得充分的敌人，要设法使他疲劳；对于内部和睦的敌人，要设法离间他。要在敌人无准备的状态下实施攻击，要在敌人意料不到时采取行动。这些都是军事家指挥的奥妙所在，是不可事先加以具体规定的。

【原文】

夫未战而庙算胜者，得算多也；未战而庙算不胜者，得算少也。多算胜，少算不胜，而况于无算乎！吾以此观之，胜负见矣。

【注释】

庙算：古时候兴师作战，要在庙堂举行会议，谋划作战大计，预测战争胜负，称为"庙算"。庙，古代祭祀祖先与商议国事的建筑；算，计算。

得算多：指计算周密，胜利条件多。算，计数用的筹码，这里引申为胜利条件。

【译文】

在开战之前，"庙算"能够胜过敌人的，是因为筹划周密，胜利条件充分；开战之前，"庙算"不能胜过敌人的，是因为筹划不周，胜利条件不足。计算周密，胜利条件多，可能胜敌；筹划疏漏，胜利条件不足就会失败，更何况根本不计算、没有胜利条件呢！我们根据这些方面来观察，谁胜谁负就可看出来了。

智慧解读

高明的战略家和指挥官，能够"运筹于帷幄之中，而决胜于千里之外"。其成功的关键在于运筹，即事先的谋划筹措、分析研究，从而根据客观条件制定切实可行、行之有效的战略战术。

【兵法范例】

明修栈道 暗度陈仓

"明修栈道，暗度陈仓"说的是楚汉相争时，汉王刘邦用张良之计，明里在楚军眼皮底下修复被毁的栈道，暗中却派韩信率主力部队奔袭陈仓（今陕西省宝鸡市）。"明修栈道，暗度陈仓"，是"远而示之近"的成功范例。

汉高祖元年（公元前206年），楚王项羽率四十万大军挺进关中，意欲攻下咸阳。走到函谷关时，他才获悉：刘邦的十万大军已攻下咸阳城，并自立为关中王了。

因为当时楚怀王曾许诺：反秦的起义军中，谁第一个攻下咸阳，谁就是关中王。项羽被刘邦的做法激怒。他率兵逼进关中，在鸿门扎下营寨，并宣称要消灭刘邦。这时，刘邦在兵力上处于劣势，不能与项羽直接对抗。结果，刘邦

韩信派军队日夜兼程，从小路直奔陈仓攻打楚军。

把咸阳和关中让给了项羽。这样一来，他就不得不离开关中。在从关中迁往汉中的途中，他命人将途中一条一百多里长的栈道烧毁。此举一方面可以迷惑项羽，似乎刘邦再也无意回关中了；另一方面也可以防止诸侯，特别是章邯军队的入侵。

章邯本是秦朝大将，因在巨鹿之战中被项羽击败而投降。后来，章邯随项羽入关中，对刘邦造成极大的威胁。

过了不久，齐王田荣因项羽分封不均在原先齐国地区起兵反对项羽。刘邦命韩信做好进攻关中的准备。为了蒙蔽敌人，韩信派一些士兵前去修复栈道。

章邯得知，觉得十分好笑，说："想用这么几个人把栈道重新修好，简直像儿戏一般。"其实韩信并非真的打算从栈道进攻关中。就在重修栈道开始后不久，他已率领刘邦军队的主力从一条小路迂回到了陈仓。章邯仓促应战，结果大败，只好退守在陕西兴平东南地区。刘邦通过对章邯的战争，占据了关中，扩大了自己的势力范围，从而为以后与楚王项羽的斗争谋得胜算。

【兵法范例】
吴越之战

鲁哀公元年（公元前494年），越国进攻吴国战败，越王勾践率仅存的五千残兵退守会稽（今浙江省绍兴市），又被吴军层层围困，面临亡国之灾。

在这个危急关头，勾践采纳了大夫范蠡的建议，决定委屈求和，保存国土，以图日后东山再起。首先，他派谋臣文种通过吴太宰伯嚭，向吴王夫差求和。文种对伯嚭贿赂了大量的财宝和美女，并且说勾践甘愿为臣仆，忠心侍奉吴王。伯嚭果然劝动了夫差准许议和，吴军撤兵回国，越国逃过了灭亡之灾。随后，勾践将治国之权交给文种，与王后一道去给夫差当奴仆。勾践为夫差驾车养马，王后为吴宫打扫庭院。勾践卑行慎言，忍受所有屈辱，甚至以"尝粪判病"来讨好夫差；同时他还经常贿赂伯嚭，用计离间吴王与吴国忠臣伍子胥。历时三年，勾践终于取得夫差的信任，被释放回国。

回国后，勾践先下一道"罪己诏"，向全国人民检讨。他亲自慰问受伤的百姓，然后"卧薪尝胆"，自耕自织，过着极其艰苦的生活。针对战败后人口减少、财力耗尽的情况，勾践实行休养生息的政策，恢复国家元气。在外交活动中，他时常给夫差送上丰厚的礼物，表示忠心臣服，以消除夫差对越国的戒备，助长他的骄纵淫奢；高价收购吴国粮食，破坏其经济，造成吴国粮食奇缺；用离间计挑起吴国内部争斗，使夫差对伯嚭偏听偏信，对伍子胥更加疏远。夫差胜越以后，因胜而骄，根本看不到勾践决心灭吴的意图，而是加紧向北扩张，意欲称霸中原。为了与晋定公争霸主之位，夫差带走所有精锐部队，只留老弱病残与太子友一起留守都城姑苏（今江苏省苏州市）。

勾践见夫差空国出征，便急于出兵攻吴。范蠡认为吴军出境不远，一旦听说越国乘虚攻击，回兵反击并不难，越军很难有全胜把握，劝勾践暂缓出兵。数月后，吴军已至黄池（今河南省封丘县西

越王勾践战败后听取了臣子范蠡的意见，卑微地向吴国求和，进入吴国做了夫差的奴仆，为他驾车养马。

南），勾践调集越军五万人，分兵两路向北进入吴国，直逼吴国国都。吴太子友急忙率兵阻止越军进犯。太子友知道吴国的精锐队伍全部北上黄池，便采取坚守待援策略，不与越军交战，同时派人请夫差火速回军。吴将王孙弥庸却急于立功，不顾太子友坚守疲敌的策略，主张出击，打败了越军先锋部队，俘虏了越国先锋官畴无余和讴阳。首战小胜，吴将骄傲轻敌，等勾践率主力到达，对其发起猛攻时，吴军竟然不堪一击，太子友被俘，吴都姑苏被攻陷。

吴王夫差虽然用武力威胁晋国让了步，勉强做了霸主。但他还没来得及高兴，便在回军途中听到太子被俘、国都被破的消息。吴军军心大乱。夫差见没有反击必胜的把握，于途中派伯嚭求和。勾践、范蠡估计还没有马上灭掉吴国的实力，便同意议和，撤兵回国。夫差回国后，并未从中吸取教训，依然沉迷于酒色，不理朝政，致使民心愁怨，政局不稳。文种见吴国经济贫弱，军队疲惫，国内防务松懈，建议勾践乘机再次攻吴。

鲁哀公十七年（公元前478年），吴国大旱，仓廪空虚，勾践再次举兵进攻吴国。战前，勾践明赏罚、备战具、严军纪、练士卒，做好了充分的临战准备；提出"为国复仇"的口号，鼓励出征者奋力作战，留乡者专心生产，争取人民的支持。出兵时，勾践又宣布吴王夫差的种种罪状，激发人民反对夫差的情绪。三月，越国向吴国发动进攻。两军在笠泽（水域名，今江苏省苏州市南）隔江对峙。半夜时分，勾践派出两小队人马对吴军发起佯攻，吴军集合重兵应战。而越军的主力部队则趁机猛攻吴军的薄弱力量，一举击败吴军。越军乘胜追击，占领了吴国的大片土地，改变了吴强越弱的形势。

笠泽战败，吴军退而固守姑苏。姑苏城池坚固，越军一时不能攻破。于是勾践改用长期围困的策略，围而不打。两年后，吴军终于势穷力竭，越军方才发起强攻。越军攻进姑苏城。夫差自杀身亡。至此，越国灭掉了强大的吴国，终于取得了吴越之战的最后胜利。

勾践表面上苟且偷生，委曲求全，以麻痹夫差，实际上却卧薪尝胆，韬光养晦，最终灭掉了吴国。吴越之战从而成为《孙子兵法·计篇》的经典案例。

越王勾践卧薪尝胆，誓报在吴国受辱、服役之仇。

第二篇 作战篇

本篇主要从战略角度讲述在作战时，合理运用后勤的诸种问题。战争要消耗大量的人力、物力、财力，故对我方来说，要速战速决，争取用最小的代价取得最大的战果；同时要取之于敌方，为我所用，这样就能够"胜敌而益强"。

【原文】

孙子曰：凡用兵之法，驰车千驷，革车千乘，带甲十万，千里馈粮，则内外之费，宾客之用，胶漆之材，车甲之奉，日费千金，然后十万师举矣。

【注释】

驰车：轻车，为攻战之车，以其"驰敌致师"而称之。驷：原指一辆车套四匹马，这里作为量词，指四匹马拉的战车。

革车：重车，辎车，或称守车。驾马或牛为守车，载粮秣、军械、装具等。

带甲：春秋战国时期武装士卒为"带甲"，因其"擐甲执兵"而言之。

馈粮：运送粮草。馈，送给，运送。

宾客：诸侯国间往来的使节、游说之士。

胶漆：修造甲胄弓矢等作战器械的材料。

车甲之奉：战车需膏油润滑，甲胄需金革修补，这里指千里行军车甲修缮的花费。

奉：保养，补给。

【译文】

孙子说：用兵作战的一般规律是，如果动用战车千辆，辎重车千辆，甲卒十万，加上越境千里去运送军粮，那么前方、后方的费用，款待使节食客的用度，作战器材的费用，车辆兵甲的维修开支，每天要耗费数额巨大的资金，然后十万大军才能够出动。

秦国指挥车

【原文】

其用战也，胜久则钝兵挫锐，攻城则力屈，久暴师则国用不足。夫钝兵挫锐，屈力殚货，则诸侯乘其弊而起，虽有智者，不能善其后矣。

重装甲马画像砖

【注释】

其：语气副词，表推断。

胜久：意为太久了，过于长久了。

钝兵挫锐：兵器钝坏，锐气受挫。

力屈：人力消耗殆尽。屈，弯曲，引申为"竭尽"。

暴师：即在外用兵。暴，曝之本字，原意为"晒米"。

殚货：物资耗尽。殚，尽，枯竭。

弊：疲困、困顿。

善其后：妥善地挽回败局或收拾好残局。善，形容词的使动用法。

【译文】

这样出兵作战，旷日持久，军队就会

秦代骑马俑

疲惫，锐气受挫，无力攻占城池。而军队长期在外作战，也会导致国家财政发生困难。如果军队疲惫，锐气受挫，军力耗尽，国家经济枯竭，那么各国诸侯就会趁此危机前来侵犯，那时即使有足智多谋的人，也不能挽回危局了。

【原文】

故兵闻拙速，未睹巧之久也。夫兵久而国利者，未之有也。故不尽知用兵之害者，则不能尽知用兵之利也。

【注释】

拙速：笨拙的速胜。拙，笨拙。速，迅速。

巧之久：指因用计灵巧而能使用兵持久。巧，即灵巧，技巧。

【译文】

所以，在用兵上只听说过宁可指挥笨拙而求速胜的，没见过只讲指挥技巧而追求旷日持久的。战事久拖不决而对国家有利的情况，从来不曾有过。所以，不完全了解用兵有害的人，也不可能完全了解用兵之利。

【原文】

善用兵者，役不再籍，粮不三载，取用于国，因粮于敌，故军食可足也。

【注释】

役：兵役。

再：两次。

籍：伍籍，这里做动词，指征调。

三载：与上句"再"互文，为"再三"之意。极言多，并非实指。载，运输，输送，是指兵员粮草一次征集，不可再三。

取用于国，因粮于敌："取用"之"用"统指军需物资，包括兵甲器具与粮草，然"因"于敌者亦不限"粮"。因，依托。此为顺便、乘便夺取之意。

【译文】

善于用兵作战的人，兵员不重新征集，粮草不多次运送；武器装备从国内取用，粮草到敌方去补充。这样，军队的粮草供应就可以充足了。

铜弩机
这是秦国在统一六国时所用的兵器。

【原文】

国之贫于师者：远输，远输则百姓贫。近师者贵卖，贵卖则百姓财竭，财竭则急于丘役。屈力中原，内虚于家，百姓之费，十去其七。公家之费，破车罢马，甲胄矢弩，戟楯蔽橹，丘牛大车，十去其六。

【注释】

远输：长途转运。当时交通不发达，道路宽窄不一致，车不同轨，难度极大。

贵卖：即物价上涨。

贵卖则百姓财竭：物价高涨，那么百姓财物枯竭。

财竭则急于丘役：百姓财物枯竭则对供出丘役感到危急，疲于奔命。丘役，古代按行政单位征收的赋役。

屈力中原，内虚于家：国内十家九空。中原，泛指国内。虚，空虚，言财物匮乏。

公家：与"百姓"相对，指国家。

破车罢马：破车，指兵车破损。罢，通"疲"。罢马，指马匹疲惫、羸弱。

戟楯蔽橹：戟，合戈、矛为一体的古兵器。楯，一种主要用于防卫的大型盾牌。蔽，以大车轮类巨物蒙以生牛皮，可屏蔽，也称车蔽。

丘牛大车：指辎重车辆。丘牛，大牛。

【译文】

国家之所以因为用兵而贫困，是由于出师远征，远道运输，从而使得百姓贫困。军队驻地附近物价必然飞涨，物价昂贵就会使国家财力枯竭，国家因此就急

铁胄
这是迄今发现的最早的铁胄，主要用来保护士兵的头部。

于加重赋役。在战场上军力耗尽，国内百姓便家室空虚。百姓的资财将会耗掉十分之七；政府的财力，也会由于车辆的损坏，战马的疲惫，铠甲、箭弩、戟盾、矛橹的消耗补充以及征用辎重车辆，而损失掉十分之六。

【原文】

故智将务食于敌，食敌一钟，当吾二十钟；萁秆一石，当吾二十石。

【注释】

务：追求，力争。

食：取食，作动词用。

钟：古容量单位。每钟六斛四斗，即六十四斗。

萁秆：泛指饲草。萁，通"其"，豆秸。秆，禾茎。

石：古时既为容量单位，亦为重量单位。重量单位以一百二十斤为一石。《汉书·律历志下》："三十斤为钧，四钧为石。"

【译文】

所以明智的将领，务求从敌国取得粮草供应。消耗敌方一钟粮食，相当于从本国运送二十钟；动用敌方的一石草料，等于从本国运送二十石。

【原文】

杀敌者，怒也；取敌之利者，货也。敌车战，得车十乘已上，赏其先得者，而更其旌旗，车杂而乘之，卒善而养之，是谓胜敌而益强。

【注释】

杀敌者，怒也：激励我方军士，使之奋勇杀敌。

取敌之利者，货也：对夺取敌人资财者要以实物予以奖励。利，财货；货，以钱财赏赐。

已：通"以"。

杂：混杂，混编。将俘获的敌方战车混编入己方车阵中。

卒善而养之：对所俘敌兵宜善待并使用。善，善待。养，收养以使用。

【译文】

要使将士英勇杀敌，就应激励士气；要使部队夺取敌方的军需物资，就必须实行奖赏。所以在车战中，凡是缴获战车十辆以上的，就要奖赏最先夺得战车的人，并且换上我军的旗帜，将其混合编入我军的战车队列。对于战俘，要优待和使用他们，这就是所谓的越是战胜敌人，就越是能增强自己。

击鼓陶俑
古代战争中，以击鼓作为战争开始的信号，并且激励士气。

【原文】

故兵贵胜，不贵久。故知兵之将，生民之司命，国家安危之主也。

【注释】

生民：泛指民众、百姓。

司命：古代传说中掌握生死的星宿。此处借喻为人们命运的掌握者。

主：主管、主宰。

【译文】

因此，用兵作战，贵在速战速决，而不在于旷日持久。所以，懂得如何用兵的将帅，是民众命运的掌握者，国家安危的主宰。

新朝"大泉五十"陶范

智慧解读

战争是经济实力与综合国力的竞赛。这是古今中外一切军事家的共识。孙子在本篇以及《军争篇》《火攻篇》这三篇中，较为全面地展示了其后勤论，并从战略高度讲述在作战时合理运用后勤的多种问题。

【兵法范例】

李牧智获匈奴马

《孙子兵法·作战篇》强调重视从敌军中补充武器和兵员，化敌用为我用。这一谋略，在战国时期赵国将军李牧的身上有着很好的体现。

战国时期，塞北的匈奴人经常南侵，骚扰赵国的边疆，掠夺百姓的财物、牲畜。李牧奉命驻守雁门关，抵御匈奴。他的兵马有限，在较长一段时间内处于守势，匈奴人则倚仗强大的骑兵，纵横奔驰，不把李牧放在眼里。

一天，匈奴人把数百匹骏马赶到河边洗浴。李牧在雁门关上望见匈奴的马个个长得膘肥体壮，心想："要是能把这数百匹骏马夺到手，既壮大了自己的实力，又煞一煞匈奴人的威风，是多美的一桩事！"但是，李牧知道，只要他打开雁门关的城门，匈奴人就会把马群赶回去，而且，匈奴大军离小河也不很远。李牧想着、看着，猛地从数百匹欢腾嘶叫的骏马中悟出一条妙计来："匈奴人的骏马尽是雄性，如果用几百匹母马来引诱它们，逗引它们全跑过河来，再把它们赶入城内，岂不是白白得到数百匹骏马！"母马城内就有，不需远求。李牧下令挑选了几百匹母马，让士兵们把母马牵出城，系在隔河的树荫下。不一会儿，一匹匹母马仰头向着河那边嘶叫起来。河那边匈奴人的数百匹公马听到母马的叫声，一个个抬起头来向河这边的母马张望。接着，几匹公马带头嘶叫起来，率先游过河，向树荫下的母马奔去。群马有了"带头者"引路，一阵狂嘶，纷纷渡河狂奔而去。看马的匈奴人想拦也拦不住。早已守候在河岸旁的赵国将士乘机一拥而出，将数百匹骏马赶入雁门关中。

李牧"就地取材"，用"美马计"夺得匈奴人数百匹骏马，壮大了自己。这充分印证了《作战篇》中"胜敌而益强""敌为我用"的军事思想。

李牧用母马，把匈奴的雄性骏马都引诱了过来。

第三篇 谋攻篇

《谋攻篇》是《孙子兵法》关于军事谋攻策略的理论。"谋攻",即谋划如何主动进攻敌人,战胜敌人。"上兵伐谋,其次伐交,其次伐兵,其下攻城。"这就是孙子的谋攻策略四部曲。孙子以"不战而屈人之兵""必以全争于天下"为谋攻的最高原则,主张以优势兵力与敌作战,反对弱小军队的硬拼,归纳出"知己知彼,百战不殆"这一军事科学的至理名言。

【原文】

孙子曰:凡用兵之法:全国为上,破国次之;全军为上,破军次之;全旅为上,破旅次之;全卒为上,破卒次之;全伍为上,破伍次之。

【注释】

全国为上,破国次之:完整地使敌国降服为上策,攻破敌国为下策。全,保全,使完整。国,春秋时期指国都,引申为国家。破,攻破。"全国"属战略,下文的"全军""全旅"属战役,"全卒""全伍"属战斗。

军、旅、卒、伍:军,泛指军队,亦作为军队编制单位。周代军制,五人为伍,五伍为两(二十五人),四两为卒(一百人),五卒为旅(五百人),五旅为师(二千五百人),五师为军(一万二千五百人)。

羽林、虎贲俑

【译文】

孙子说:用兵打仗的原则是:迫使敌人举国降服为上策,攻破敌国就差些;迫使敌人全"军"降服为上策,击破敌"军"就差些;迫使敌人全"旅"完整降服为上策,击破敌人的"旅"就差些;迫使敌人全"卒"完整降服为上策,击破敌人的"卒"就差些;迫使敌人全"伍"完整降服为上策,击破敌人的"伍"就差些。

【原文】

是故百战百胜,非善之善者也;不战而屈人之兵,善之善者也。

【注释】

非善之善者也:不算高明中最高明的。

不战而屈人之兵:不通过双方军队兵刃交锋,便能使敌军屈服。屈,屈服,这里作使动词用,意为使屈服。

【译文】

百战百胜,不算高明的将帅;不经交战而能使敌人屈服,那才是最高明的将帅。

【原文】

故上兵伐谋,其次伐交,其次伐兵,其下攻城。

【注释】

上兵伐谋:用兵作战的上策是用智谋挫败敌人的战略意图。孙子认为:"伐谋"属上策,"伐交""伐兵"属中策,"攻城"属下策。

伐交:运用外交手段挫败敌人的结盟。交,外交,结交。

伐兵:以武力打败敌人的军队。

【译文】

所以用兵作战的上策是用智谋挫败敌人的战略方针;其次是挫败敌人的外交;再其次是以武力打败敌人的军队;下策是攻打敌人的城堡(营

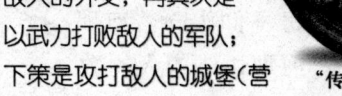

"传祚无穷"瓦当

垒、关隘等要塞）。

【原文】
　　攻城之法为不得已，修橹轒辒，具器械，三月而后成；距闽，又三月而后已。

【注释】
　　攻城之法为不得已：攻城之法是"不得已而用之"。
　　修橹轒辒：制造大盾、四轮大车。橹，一种特大的坚固木构盾牌，攻城的防护器具，用来掩护攻城部队接近城门。轒辒，四轮大车，无底，车顶上和侧部有排木，上蒙生牛皮，再涂以泥浆，下可容纳十余人，可用来掩护运土填护城河，掩护攻城部队抵近城堡。

云梯是用来帮助部队迅速攀登的工具。

　　具器械：准备攻城的器械，如飞楼、云梯之类。具，准备。
　　三月：本段出现两次"三月"，都是说费时很久，并非确指。下文所说"三分之一"也非确指，是说伤亡惨重，损失巨大。
　　距闽：修筑土山。距，即拒，通"具"。闽，通"堙"，积土为山，即高出并与敌城墙平行的土垒，用来窥视、向敌城射箭或登临敌城时用。《公羊传》宣公十五年，"(楚庄王)使司马子反乘堙而窥宋城，宋华元乘堙而出见之。"《左传》襄公六年："堙之环城，傅于堞。"

【译文】
　　攻打城堡是不得已而采取的办法，攻城用的大盾、轒辒车，准备攻城的器械，需很久才能造成；修筑攻城用的土山，又需很长时间。

【原文】
　　将不胜其忿而蚁附之，杀士卒三分之一，而城不拔者，此攻之灾也。

【注释】
　　将不胜其忿而蚁附之：主将克制不住愤怒急躁情绪，而驱使士兵爬墙攻城。胜，能承受。蚁，名词作状语用。附，依附，这里指攀缘。之，指城墙。

【译文】
　　主将控制不住忿怒急躁情绪，却强迫驱使士兵爬墙攻城，以致官兵伤亡惨重，城堡却攻不下，这就是硬攻城堡而带来的灾难。

玉雕童子像

【原文】
　　故善用兵者，屈人之兵而非战也，拔人之城而非攻也，毁人之国而非久也，必以"全"争于天下。
　　故兵不顿而利可全，此谋攻之法也。

【注释】
　　必以"全"争于天下：一定要用全胜的计谋争胜于天下。"全"，指上段所谓"全国""全军""全旅""全卒""全伍"；天下，指春秋列国。
　　顿：通"钝"，挫伤。

【译文】
　　所以善于指挥打仗的主将，迫使敌军屈服而不是直接交战，占领敌城不是靠强攻，攻破敌国不是靠久战，一定要用自保全胜的计谋争胜于天下，因此军队不致疲惫伤亡，胜利却可圆满获得，这就是"谋攻"的法则。

巢车

【原文】

故用兵之法：十则围之，五则攻之，倍则分之，敌则能战之，少则能逃之，不若则能避之。故小敌之坚，大敌之擒也。

【注释】

倍则分之：我方兵力比敌方兵力多一倍就要设法使敌人分散，再各个击破之。

敌则能战之：敌我兵力相等就要善于设法战败敌人。能，犹"乃"也；敌，匹敌、对等、相当之意。

逃：与"挑"字相通，挠、扰、侵扰、扰敌的意思。

小敌之坚：弱小的军队如果只知坚守硬拼。之，犹"若"也。

大敌之擒：就会被强大的敌军俘虏。之，犹"则"也。

【译文】

所以用兵打仗的原则是：有十倍于敌的兵力就包围它，五倍就进攻它，两倍就设法使敌兵力分散，各个击破。敌我兵力相等就要善于设法战败敌人，我比敌人力量小就骚扰它，实力弱于敌人就要避免决战。弱小的军队只知坚守硬拼，就会被强大的敌人俘虏。

【原文】

夫将者，国之辅也，辅周则国必强，辅隙则国必弱。

【注释】

辅：辅木，车轮外的两条直木，用以增强车辐的承载力。或说"辅"，即车之夹板。《左传》僖公五年："辅车相依，唇亡齿寒。"

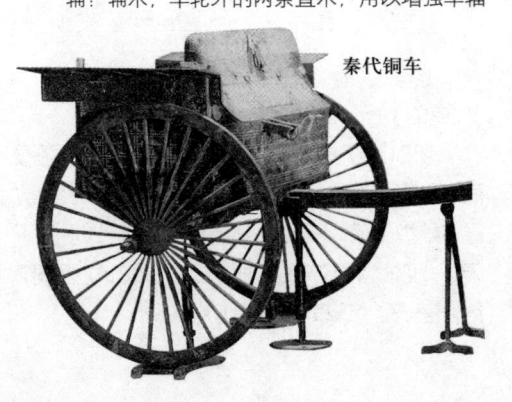

周：周密，引申为亲密无间。

隙：漏洞、空隙。引申为隔阂，相互之间意见不合，有矛盾。

【译文】

主将好比是国家的辅木，主将与国君关系亲密无间，尽责尽职，国家必定强盛。如果相互之间意见不合，不能尽职尽责，国家必定衰弱。

秦始皇陵墓中的将军俑
主将在战争中发挥着重要的作用。

【原文】

故君之所以患于军者三：不知三军之不可以进而谓之进，不知三军之不可以退而谓之退，是谓縻军。不知三军之事而同三军之政者，则军士惑矣；不知三军之权而同三军之任，则军士疑矣。

【注释】

三军：本段出现数次"三军"，均泛指军队。春秋时期，有的诸侯国有上、中、下三军，有的诸侯国有左、中、右三军。

縻军：束缚军队。縻，本义为牛辔，引申为系、束缚、制约、控制、羁绊。

三军之政：军队的政务。三军，指中国古代作战设置的上、中、下或左、中、右三军，亦可泛指军队。政，指政务。

权：战略。

【译文】

国君危害军队的情况有下列三种：不懂得军队不可以前进却要命令它前进，不懂得军队不可以后退却要命令它后退，这叫做束缚军队。不懂得军队的内部事务，而要干预军队的行政，那么官兵就会变得迷惑；不懂得军队作战的权宜机变，却要干预军队的指挥，那么官兵就会产生怀疑。

秦代铜车

【原文】

　　三军既惑且疑，则诸侯之难至矣，是谓"乱军引胜"。

【注释】

　　则诸侯之难至矣：本书《作战篇》："夫钝兵挫锐，屈力殚货，则诸侯乘其弊而起，虽有智者，不能善其后矣。"即此意。难，灾难，意外之变；至，降临。

　　乱军引胜：搞乱自己的军队，而导致敌人的胜利。引，引导，导致。

【译文】

　　将士既迷惑又怀疑，那么列国诸侯军队乘机进犯的灾难就到来了，这就叫做搞乱军队，而导致敌人的胜利。

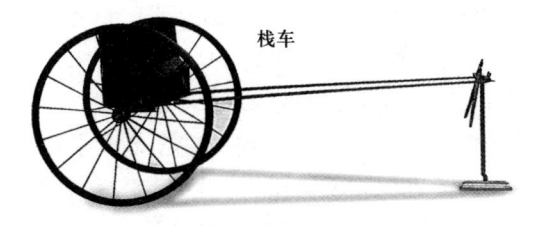

【原文】

　　故知胜有五：知可以战与不可以战者胜；识众寡之用者胜；上下同欲者胜；以虞待不虞者胜；将能而君不御者胜。此五者，知胜之道也。

【注释】

　　识众寡之用：懂得根据敌我双方兵力对比而正确采用不同战法。识，知道，懂得，认识。

　　上下同欲者胜：君民、君将、将兵同心同德则能取胜。

　　虞：料想，这里可引申为准备。

　　将能而君不御：主帅指挥才能强而国君不加牵制。能，才能；御，驾驭，干预，控制。

知胜之道：预知胜利的方法。知，预测，预知。道，道路、方法。

【译文】

　　所以预知胜利的情况有五种：懂得什么情况下可以对敌作战，以及在什么情况下不可以对敌作战的，能胜利；懂得根据双方兵力对比的多少而正确采用战法的，能胜利；君民、君将、将兵同心同德的，能胜利；以有防备的军队攻击没有戒备的军队的，能胜利；主帅有指挥才能而国君不加牵制的，能胜利。这五条就是预知胜利的方法。

【原文】

　　故曰：知彼知己，百战不殆；不知彼而知己，一胜一负；不知彼，不知己，每战必殆。

【注释】

　　知彼知己：谓既了解敌方又了解我方。

　　百战不殆：打多少次仗，也没有危险。百，表多数，非实指；殆，危险、失败。

　　一胜一负：或者胜利，或者失败。一，或者。

【译文】

　　所以说：既了解敌方，又了解自己，打多少次仗也没有危险；不了解敌人但了解自己，可能打胜仗，也可能打败仗；既不了解敌方，又不了解自己，每次战争都会有危险。

智慧解读

　　《计篇》和《作战篇》讲述的内容是做出用兵决策之前的基本问题，而《谋攻篇》进而议论的是在用兵决策做出以后，用兵者必须谨慎思考的战略思想和战术原则。"谋攻"，即以谋略攻取敌人的意思。《谋攻篇》论述的就是用谋略攻取敌方的战略战术，以及实现战争胜利的具体策略。

【兵法范例】

烛之武哭秦师

周襄王二十三年（公元前630年），郑国遭到其左右两个大国秦国和晋国的联合进攻，秦、晋两国的军队很快就进逼郑国国都城下。眼看郑国危在旦夕，郑国君主文公连夜召集文武百官商量对策，最后决定派富有外交斗争经验、善于辞令的大臣烛之武前去说服秦国退兵。

当时秦军驻扎在城东，晋军驻扎在城西，两军合兵攻城却各不相照。烛之武黑夜来到秦营门前放声大哭。秦穆公叫手下人把烛之武叫了进来，问："你到我们军营来哭什么呢？"烛之武说："老臣哭郑也哭秦呀！""为什么这么讲？"秦穆公奇怪地问。烛之武说："我们郑国和贵国并不相连。我们在东，你们在西，中间隔着晋国，郑国灭亡了，我们的疆土只能被晋国占去。贵国却很难跳过晋国来占领郑国的土地。秦晋两国本来力量相当，势均力敌，如果晋国得到郑国的土地，实力就会大大增强，而贵国的势力却将相对地减弱。你现在帮助晋国强大起来，将来贵国一定会反受其害的。再说，晋国历来言而无信，这几年，他们天天扩军备战，其野心不会有满足的时候。它今天灭了郑国，很难保它明天就不向西边的秦国扩张。你如果肯解除对郑国的包围，我们郑国将与贵国结好，今后贵国使者经过郑国的时候，我们一定尽主人之道，好好招待贵宾。这对你们没有什么不利啊！"烛之武的一席话，讲得利害分明，使秦穆公意识到灭郑于己无益。于是，秦穆公答应立即撤兵，并且和郑国订立了盟约。晋文公见秦穆公不告而别，非常气愤，无奈孤掌难鸣，也只好偃旗息鼓，撤军回国了。

《孙子兵法》说："上兵伐谋，其次伐交，其次伐兵，其下攻城。""伐交"，即用外交手段战胜敌人，这样就能不战而胜。烛之武夜入秦营，以哭秦师的方式对秦穆公晓之以理，动之以情，终于用外交手段退了秦师。

黑夜，烛之武来到秦营前放声大哭。

【兵法范例】

弦高犒师退秦军

周襄王二十六年（公元前627年）春，秦穆公不顾上大夫蹇叔和百里奚的再三劝告，不远千里去进攻晋国东南的郑国，并派百里奚的儿子孟明视、蹇叔的儿子西乞术和白乙丙三人为将。

孟明视率秦军悄悄地进入滑国（今河南省偃师市西南）地界向郑国疾进，忽然有人拦住去路，说是郑国使者要见秦军的主将。孟明视闻之大吃一惊，连忙接见使者。使者说："我们国君听说三位将军要到郑国来，特派我送上四张熟牛皮和十二头肥牛，犒劳贵师。"原来，这位"使者"名叫弦高，是郑国的商人，正前往别处贩牛，走到滑国时遇到秦军。他虽然是个商人，但是很爱国，也很警觉机智。他断定秦军这次来必定是为了袭击郑国，于是一面悄悄派人星夜赶回郑国报信，同时准备了礼物，冒充郑国使者去慰劳秦军。

这时，郑国已经得到秦国入侵的消息，并做好了迎战准备。秦将孟明视得知郑国的情况后，与其他将领商议：郑国已经有了准备，我们很难捞到什么便宜。如果孤军攻打郑国，势难取胜，还是停止前进为好。于是，秦军取消了攻打郑国的计划，顺便消灭了附近的小国滑国，班师回国。秦军偷越军事强国晋国的国境去讨伐郑国，靠的是行动秘密，速战速决。但商人弦高却识破了他们的计谋，既通知国内做好准备，又伪装成使者去当面暗示其作战计划已经暴露，使秦军不敢继续前进。弦高以四张牛皮、十二头牛的微小代价，换得了郑国的安宁，称得上是最划算的一笔交易了。

弦高带着熟牛皮和肥牛来见孟明视，孟明视非常吃惊。

第四篇 形篇

"形"在本篇中指军事实力及其外在表现。孙子在本篇集中论述了如何依据敌我双方的物质条件，军事实力的强弱，灵活采取攻守两种不同形式，以达到在战争中保全自己，消灭敌人的目的。

【原文】

孙子曰：昔之善战者，先为不可胜，以待敌之可胜。不可胜在己，可胜在敌。

【注释】

先为不可胜：先创造条件，使自己不被敌人战胜。为，造成、创造。不可胜，指我方不致被敌人战胜。

以待敌之可胜：待，寻找、捕捉的意思。敌之可胜，指敌人可能被我战胜的时机。

不可胜在己，可胜在敌：指创造不被敌人战胜的条件，在于自己主观的努力，而敌方是否能被战胜，取决于敌方自己的失误，而非我方主观所能决定。

【译文】

孙子说：从前善于作战的人，先要做到不会被敌人战胜，然后等待时机战胜敌人。不会被敌人战胜的主动权操在自己手中，能否战胜敌人，则取决于敌人是否有隙可乘。

【原文】

故善战者，能为不可胜，不能使敌之可胜。故曰：胜可知而不可为。

【注释】

能为不可胜，不能使敌之可胜：能够创造自己不为敌所胜的条件，而不能强求敌人一定具有可能被我战胜的时机。

胜可知而不可为：胜利可以预见，但却不能强求。知，预见、预见。为，强求。

曲刃铜剑

【译文】

所以，善于作战的人，能够为自己创造不被敌人战胜的条件，但却不可能做到使敌人必定被我所战胜。所以说，胜利可以预见，但是不可强求。

铜鼎

【原文】

不可胜者，守也；可胜者，攻也。守则不足，攻则有余。

【注释】

不可胜者，守也：使敌人不能胜我，在于我方防守得宜。

守则不足，攻则有余：采取防守，是由于己方兵力处于劣势；采取进攻，是由于己方兵力占有优势。

【译文】

想要不被敌人战胜，在于防守严密；想要战胜敌人，在于进攻得当。采取防御，是由于自己的兵力不足；实施进攻，是因为自己的兵力有余。

【原文】

善守者，藏于九地之下；善攻者，动于九天之上。故能自保而全胜也。

【注释】

善守者，藏于九地之下：善于防守的人，能够隐蔽军队活动，如藏物于极深之地下，令敌方莫测虚实。九，虚数，泛指多数。九地，地的极深处。

善攻者，动于九天之上：善于进攻的人，进攻时能做到行动神速、突然，如自九霄而降，令敌猝不及防。九天，形容极高的天上。

【译文】

善于防守的人，如同深藏于地下那样隐蔽自己的兵力（令敌无法察觉）；善于进攻的人，就像自九霄而降，展开自己的兵力（令敌猝不及防）。所以，这样做既能够保全自己，又能取得完全的胜利。

【原文】

见胜不过众人之所知，非善之善者也；战胜而天下曰善，非善之善者也。

【注释】

见胜不过众人之所知：见，预见；不过，不超过；众人，普通人；知，认识。

【译文】

预见胜利不超过一般人的见识，这算不得是高明中最高明的。通过激烈争论而取胜，即使天下人都说好，也不算是高明中最高明的。

【原文】

故举秋毫不为多力，见日月不为明目，闻雷霆不为聪耳。

【注释】

举秋毫不为多力：秋毫，鸟兽在秋天新长的细毛，比喻极轻微的东西。多力，力量大。

闻雷霆不为聪耳：能听到雷霆之声算不上耳朵灵敏。聪，听觉灵敏。

【译文】

这就像能举起秋毫算不得力，能看见日月不能算目明，能听到雷霆算不上耳朵灵一样。

坚固的城池利于防守。

【原文】

古之所谓善战者，胜于易胜者也。故善战者之胜也，无智名，无勇功。

【注释】

无智名：没有多智多谋的名声。

无勇功：没有勇敢的战功。

商高冠鹦鹉

【译文】

古时候所说的善于打仗的人，总是战胜容易取胜的敌人。因此，善于作战的人打了胜仗，既显露不出智慧的名声，也显不出勇武的战功。

【原文】

故其战胜不忒。不忒者，其所措必胜，胜已败者也。故善战者，立于不败之地，而不失敌之败也。

【注释】

故其战胜不忒：忒，失误，差错。不忒，无差错，意为十分有把握。

其所措必胜：措，筹措、措施、措置。此处指的是作战措施。

胜已败者也：战胜业已处在失败地位的敌人。

【译文】

他们取得胜利，是十分有把握的。之所以不会有差错，是由于他们的作战措施建立在必胜的基础之上，是战胜那些已经处在失败地位的敌人。善于打仗的人，总是使自己立于不败之地，同时不放过任何击败敌人的机会。

【原文】

是故胜兵先胜而后求战，败兵先战而后求胜。善用兵者，修道而保法，故能为胜败之政。

【注释】

胜兵先胜而后求战：能取胜的军队总是先创造取胜的条件，然后才同敌人决战。胜兵，胜利的军队；先胜，先创造不可被敌战胜的条件。

败兵先战而后求胜：指失败的军队总是贸然开

唐代涂金彩绘甲马群

战，然后企求侥幸取胜。

【译文】

所以，胜利的军队总是先创造取胜的条件，而后才同敌决战；而失败的军队，却总是先同敌人交战，而后企望侥幸取胜。善于指导战争的人，必须修明政治，确保法制，从而能掌握战争胜负的决定权。

【原文】

兵法：一曰度，二曰量，三曰数，四曰称，五曰胜。地生度，度生量，量生数，数生称，称生胜。

【注释】

度：指土地幅员的大小。

量：容量、数量，指物质资源的数量。

数：数量、数目，指兵员的多寡。

称：衡量轻重，指敌对双方实力状况的衡量对比。

【译文】

兵法的基本原则有五条：一是土地面积的"度"，二是物产资源的"量"，三是兵员众寡的"数"，四是军力强弱的"称"，五是胜负优劣的"胜"。敌我所处的地域不同，产生了双方土地幅员大小不同的"度"；敌我土地幅员大小的"度"的不同，产生了双方物质资源丰瘠不同的"量"；敌我物质资源丰瘠的"量"的不同，产生了双方兵员多寡不同的"数"；敌我兵员多寡的"数"的不同，产生了双方军事实力强弱不同的"称"；敌我军事实力强弱的"称"的不同，最终决定了战争的胜负成败。

【原文】

故胜兵若以镒称铢，败兵若以铢称镒。

【注释】

故胜兵若以镒称铢：此处比喻力量悬殊，胜兵对败兵拥有实力上的绝对优势。镒、铢，皆古代的重量单位。镒，"二十两为镒"。铢，"二十四铢为两"。以镒称铢，指两者相称，轻重悬殊。

【译文】

胜利的军队较之于失败的军队，有如以"镒"比"铢"那样，占有绝对的优势。而失败的军队较之于胜利的军队，则就像用"铢"比"镒"那样，处于绝对的劣势。

【原文】

胜者之战民也，若决积水于千仞之溪者，形也。

【注释】

胜者之战民也：战民，指统率、指挥士卒作战。民，作"人"解，这里借指士卒、军队。战民，春秋时，兵农合一，民众平时生产，战时征集从戎。

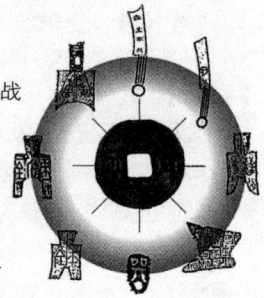

秦始皇统一六国后，将各国货币统一为秦国圆形方孔钱。

若决积水于千仞之溪者：仞，古代的长度单位，七尺为仞，比喻为极高。溪，山涧。

形：指军事实力。《势篇》云："强弱，形也。"

【译文】

军事实力强大的胜利者指挥军队作战，就像在万丈悬崖决开山涧的积水一样，所向披靡，这就是军事实力的"形"。

智慧解读

孙子的战略思想体系中，"全胜"占有突出的地位。《形篇》的出发点也是"全胜"，不同之处只在于此处着眼的基点，是敌我双方军事实力这一物质基础，不少学者将孙子所言之"形"称之为"军形"，正是这个道理。

【兵法范例】

冒顿灭东胡

冒顿是匈奴单于头曼的长子，公元前三世纪末期，他杀死父亲，自立为单于。

东胡国王听说这件事后，想试探冒顿的态度，便派使臣到匈奴去，要冒顿送他一匹千里马。冒顿知其来意，便问群臣，群臣齐声说："我国只有一匹千里马，怎可轻易送人呢？"冒顿微笑，摇头说："我与东胡为邻，不能为了一匹马失了友谊，送给他好了。"然后把千里马交给使者带回去。

过了十多日，东胡使者又来了，递上国书，要冒顿把老婆送给他。群臣听后皆义愤填膺，扬言要讨伐东胡。冒顿又摇头说："岂可为了一位女子，失去与邻国的和睦？"

这样，东胡国王得到冒顿的良马、美人。他认为冒顿畏惧自己的势力，便不时派兵骚扰匈奴边境。冒顿一一忍让下来。因为他深知自己当时的力量比不上东胡，只能防守。与此同时，他还悄悄练兵，加强生产，国势日益强大。而东胡国王却过着荒淫靡乱的生活，不再操练军队，边防松懈下来。

过了一段时间，东胡又派遣使者到匈奴，索取两国交界的空地。冒顿又召集群臣计议，有的主张给，有的持反对态度。冒顿勃然大怒，说："土地乃国家根本，怎能给人？"喝令把来使和赞成割土地的臣子全部斩首；接着他披上战袍，杀奔东胡。东胡向来不把匈奴放在眼里，没有在两国的边境上设防。冒顿率领大军轻而易举地进入东胡境内，打败东胡的军队，消灭了东胡国王。冒顿的胜利与"守则不足，攻则有余"的战略方针有着密切关系。

冒顿听说东胡要索取匈奴的土地，不禁勃然大怒，下令把东胡的使者绑起来。

【兵法范例】
秦灭楚之战

秦始皇二十二年（公元前225年），一心想统一中原的秦王嬴政谋划进攻楚国。出兵前，秦王问大将李信，攻打楚国需要多少人马。李信是连年征战的猛将，屡获战功，其轻敌之心流露，便大言说："二十万人马就足够了。"秦王又问老将王翦，王翦却很坚定地说非六十万人马不可。秦王以为王翦年老胆怯，因此起用李信为将，让他率二十万兵马进攻楚国。

李信初战告捷，一举攻下楚国的平舆（今河南省平舆县）等地，然后向楚国腹地逼近。此时，楚王派出项燕为大将，领兵二十万，水陆并进，在西陵（今湖北省宜昌市西北）迎击秦军，并派副将屈定设七处伏兵于鲁台山（今湖北省黄陂县）一带。在西陵相遇后，秦楚两军展开激烈战斗，秦军前进受阻。正在两军相持不下的时候，屈定的七处伏兵突然杀出，秦军两面受敌，猝不及防，大败而逃。项燕乘胜追击，一直杀到平舆，收复了全部失地。秦军损失都尉七人、士卒无数，伐楚之役全面告败。

满怀必胜信心的秦王闻讯后恼怒不已，下令削除李信的官职，想重新起用王翦。此时王翦已经告病还乡了。秦王亲自登门请王翦出山收拾残局。王翦推托不过，答应出兵，但坚持原议，非六十万人马不足以战胜楚军。秦王仍不解，便问王翦其中的原因。王翦答道："古时打仗，交战双方先约定日期，事先摆好阵式，交战中都遵循一定的规矩礼节，所以那时打仗用兵数量不需要很多。现在情况已经发生了根本的变化。列国争斗，都是以强凌弱，以多侵少。每次交战，杀人动辄数万，围城动辄数年，一些国家更是人人都得服兵役，军队人数大大增多。楚国拥有东南广大的地域，人口众多，资源丰富。楚王一声号令，便可动员百万之众参战，想要征服它，恐怕六十万兵马还嫌少了呢。"秦王听得心服口服，终于答应了王翦的要求，让他率六十万大军征讨楚国。

王翦正在为秦王解释为什么要用六十万兵力的原因。

秦营内的士兵正在专心地练习跳跃游戏，全然不顾外面的楚国士兵叫阵。

王翦率军来到楚国边境。楚军立即发兵抗敌，战争一触即发。但王翦大军扎于天中山（今河南省驻马店市）下，连营十里，坚壁固守，任凭项燕每日阵前挑战，他都置之不理。日复一日，秦军免战牌高挂。项燕便以为王翦年迈无用，惧怕楚军了，渐渐骄傲轻敌起来。秦营中，王翦命人每天杀猪宰羊，改善士兵饮食；将军与士兵同吃同住，对士兵关怀备至，官兵上下同心。王翦一面劝阻士兵出战的请求，一面教导士兵进行投石和跳跃游戏。通过游戏，增加了士兵的体质，提高了技能。

如此相持一年多，楚军士兵松松垮垮，对战争已全无警觉。而休整操练了一年有余的秦军，个个精力旺盛，士气高扬。王翦将一切都看得清清楚楚，认为时机已到，有了必胜的把握。于是，他突然下令向楚军发起全面进攻。王翦选两万精兵打先锋，又分兵数路向楚军同时发起猛烈攻击。秦军将士势如万钧雷霆，迅猛异常，所向无敌。而长期松懈麻痹的楚军突遭秦军猛烈袭击，仓皇应战，斗志全无，几乎没有什么抗击能力。未经几阵，便大败溃散，主将项燕只好率兵东撤。王翦乘胜追击，先后攻占了淮北、淮南、江南等地。没有几个月，秦军就一举攻破楚都寿县（今安徽省曹县西南），俘虏了楚王负刍。大将项燕被迫自杀。到了第三年，即公元前223年，秦王终于吞并了楚国。

王翦运用《孙子兵法·形篇》中所言"先为不可胜，以待敌之胜"的战略，造成"以镒称铢"的绝对优势，然后以"决积水于千仞之溪"的猛烈攻势，最终取得了秦灭楚之战的胜利。秦灭楚之战是中国历史上疲敌制胜的典型战例。

第五篇 势篇

《势篇》主要论述在强大的军事实力的基础上，充分发挥将帅的杰出指挥才能，积极创造和利用有利的作战态势，出奇制胜，以求所向无敌。孙子对将帅指挥原则、精妙的指挥技巧、择人任势、争取指挥主动权等问题都有独到的论述。

【原文】

孙子曰：凡治众如治寡，分数是也；斗众如斗寡，形名是也；三军之众，可使必受敌而无败者，奇正是也；兵之所加，如以碬投卵者，虚实是也。

【注释】

分数：军队编制。分，指编制的层级划分，如军、旅、卒、伍；数，指各级编制的定员，即军、旅、卒、伍的定员。

形名：事物的形体和名称，这里指用以指挥号令的金鼓、旌旗之制。

奇正：奇，出人意外的、异常的；正，正规的。

虚实：指兵力的集中和分散。

【译文】

孙子说：管理大部队如同管理小部队一样，是属于军队的组织编制问题；指挥大量士兵作战如同指挥少量士兵作战一样，是属于指挥号令的问题；三军士兵，可使全面承受敌人攻击而不会失败，是靠"奇正"的战术变化；兵力所向，如同以石击卵，是靠"虚实"的正确运用。

重骑兵与轻骑兵

【原文】

凡战者，以正合，以奇胜。故善出奇者，无穷如天地，不竭如江海。终而复始，日月是也；死而复生，四时是也。

【注释】

以正合：以正兵与敌接战。

以奇胜：以奇兵破敌取胜，即出奇制胜。

【译文】

一般作战，是以"正"兵当敌，以"奇"兵取胜。所以善于出奇制胜的将帅，其战术变化无穷，有如天地，不尽有如江海。周而复始，如同日月出没；去而又来，就像四季变换。

【原文】

声不过五，五声之变，不可胜听也；色不过五，五色之变，不可胜观也；味不过五，五味之变，不可胜尝也；战势不过奇正，奇正之变，不可胜穷也。奇正相生，如循环之无端，孰能穷之哉？

【注释】

五声：角、徵、宫、商、羽五种音阶。

五色：青、赤、黄、白、黑五种颜色。

螺钿紫檀五弦琵琶

五味：酸、苦、甘、辛、咸五种味道。

【译文】

音阶不过五种，五种音阶的变化，听也听不过来；颜色不过五种，五种颜色的变化，看也看不过来；味道不过五种，五种味道的变化，尝也尝不过来；作战的战术不过"奇正"，但"奇正"的变化却不可穷尽。"奇"与"正"相互转化，如同圆圈旋绕不绝，无始无终，谁能够穷尽它呢？

【原文】

激水之疾，至于漂石者，势也；鸷鸟之疾，至于毁折者，节也。故善战者，其势险，其节短。势如彍弩，节如发机。

十弦琴
春秋时期诸侯国的宫廷小型乐队经常使用十弦琴来进行演奏。

【注释】

其节短：指鸷鸟之击，善于抓住时机。
发机：触发弩机。

【译文】

湍急的流水飞快地奔流，竟使水中的石头漂起，是借助水势；猛禽的搏击，竟使小动物当即毙命，是靠掌握节奏。所以善战的人，他所造成的态势是险峻的，所掌握的节奏是短促的。制造态势犹如张满强弩，掌握节奏犹如击发弩机。

【原文】

纷纷纭纭，斗乱而不可乱；浑浑沌沌，形圆而不可败。乱生于治，怯生于勇，弱生于强。治乱，数也；勇怯，势也；强弱，形也。故善动敌者，形之，敌必从之；予之，敌必取之。以利动之，以卒待之。

【注释】

形圆：形容阵形密合无缝，指出入有道、扰而不乱。
形之：指示形于敌。
予之：指给予敌人以"利"。

【译文】

纷纷纭纭，战斗混乱而军队不乱；混混沌沌，阵容严整而不可挫败。混乱产生于整齐，怯懦产生于勇敢，虚弱产生于强大。整齐与混乱，是由组织编制好坏造成的；勇敢与怯懦，是由态势优劣造成的；强大与虚弱，是由实力大小对比

显现的。所以善于诱使敌人行动的人，伪装假象迷惑敌人，敌必信从；用小利引诱调动敌人，用重兵伺机来攻击他。

【原文】

故善战者，求之于势，不责于人，故能择人而任势。任势者，其战人也，如转木石。木石之性，安则静，危则动，方则止，圆则行。故善战人之势，如转圆石于千仞之山者，势也。

【注释】

择：选择。
任势：利用或创造形势。

【译文】

所以善战的人，只求之于"势"，而不求之于人，能选择人以适应"势"。善于造"势"的人，指挥士兵作战，有如转动滚木圆石。木头、石块的特性，

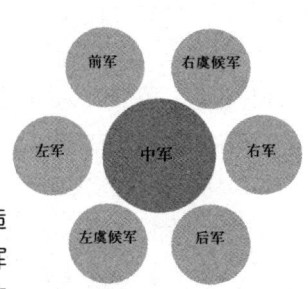

七军圆阵图
七军圆阵图的中军在中央，其余六军像花瓣在周围，又名六花阵，是防御时所布之阵。

平放则静止，倾斜则滚动，方形容易静止，圆形滚动灵活。所以善于作战的人，有如从千仞高山滚下圆石，这就是所谓的"势"。

智慧解读

"形"指的是运动的物质，"势"则指物质的运动。"形"是基础，"势"则是结果。因此，有"形"必然有"势"，"形""势"相联。然而"形""势"有别，物质之"形"是客观存在，运动之"势"则可以主观造就，故《形篇》是对军事实力的客观分析和有效利用；《势篇》则着重论述战争指挥者的"治""斗""变"与"任势"，即造势与用势，强调的是主观能动作用的发挥。

【兵法范例】
淝水之战

西晋末年的腐败政治引发了社会的大动乱,中国历史进入了分裂割据的南北朝时期。晋孝武帝太元八年(公元383年)八月,前秦王苻坚亲率九十万大军从长安(今陕西省西安市)南下,想一举荡平东晋,统一南北。东晋王朝在强敌压境,面临生死存亡的危急关头,以丞相谢安为首的主战派决意奋起抵御。经谢安举荐,晋帝任命谢安之弟谢石为征讨大都督,谢安之侄谢玄为先锋,率领经过七年训练、有较强战斗力的八万"北府兵"沿淮河西上,迎击前秦军主力。

十一月,谢玄派遣勇将刘牢之率精兵五千奔袭洛涧(又名洛水,今安徽省怀远县以南),揭开了淝水(今淝河,在安徽省寿县南)大战的序幕。前秦大将梁成率部五万在洛涧边上列阵迎击。刘牢之分兵一部迂回到前秦军阵后,断其归路;他自己率兵强渡洛涧,猛攻前秦军阵。前秦军惊慌失措,勉强抵挡一阵,就土崩瓦解。前秦主将梁成战死,官兵争先逃命,一万五千余人丧生。洛涧大捷,极大地鼓舞了晋军的士气。谢石率军水陆并进,直抵淝水东岸,在八公山(今安徽省寿县东北)边扎下大营,与寿阳(今安徽省寿县)的前秦军隔岸对峙。

苻坚得知晋军兵力不足,就想以多胜少,抓住机会,迅速出击。不料,苻坚的先锋部队在寿阳一带被晋军出奇击败,损失惨重。前秦军锐气大挫,军心动摇。此时,苻坚得知晋军正向寿阳开来,大惊失色,马上和他的弟弟苻融登上寿阳城头,亲自观察淝水对岸晋军的动静。当时正值隆冬时节,又是阴天,远远望去,淝水上空灰灰的一片。在远处的河面上桅杆林立,战船密布,晋兵持刀执戟,阵容十分整齐。苻坚不禁暗自称赞晋军布防有序,训练有素。接着,苻坚又向北望去。

那里横着八公山,地势非常险要。晋军的大本营便驻扎在八公山下。随着一阵西北风呼啸而过,山上晃动的草木,就像无数严阵以待的士兵一样。苻坚吓得面如土色,对苻融说:"这明明是强敌,你以前怎么说他们不堪一击呢?"这时,他开始后悔自己过于轻敌了。

前秦王苻坚误把满山的草木当成是东晋的军队,吓得面容失色。

出师不利给苻坚心头蒙上了不祥的阴影，他令部队靠近淝水北岸布阵，企图凭借地理优势扭转战局。

由于前秦军紧逼淝水西岸布阵，晋军无法渡河，只能隔岸对峙。谢玄就派使者去见苻融，用激将法对他说："将军率军深入晋地，却紧逼河岸布阵，这难道是想决战吗？如果你把阵地稍向后退，空出一块地方，让我军渡过淝水，双方一决胜负如何！"前秦诸将都表示反对，但苻坚认为可以将计就计，让军队稍向后退，待晋军半渡过河时，再以骑兵冲杀，这样就可以取得胜利。于是苻坚答应了谢玄的要求，指挥前秦军后撤。但前秦兵士气低落，结果一后撤就失去控制，阵势大乱。谢玄率领八千多骑兵，趁势抢渡淝水，向前秦军猛攻。朱序本是东晋的一名将官，被苻坚俘获后当了一名前秦的官员。但是他并没有死心归附，而是"身在曹营，心在汉"，一心想回归东晋。见此情景，朱序则在前秦军阵后大叫："秦兵败了！秦兵败了！"前秦兵信以为真，于是转身竞相奔逃。

苻融眼见大势不妙，急忙骑马前去阻止，以图稳住阵脚。失去主将的前秦兵越发混乱，被追来的晋军杀死。前锋的溃败，引起后续部队的惊恐，也随之溃逃，形成连锁反应。结果前秦全军溃逃，向北败退。淝水之战，前秦军被歼和逃散的共有七十多万。苻坚统一南北的希望彻底破灭，此战的胜利者东晋王朝虽无力恢复全国的统治权，但却有效地遏制了北方少数民族的南下侵扰，为江南地区社会经济的恢复和发展创造了条件。

淝水之战因利用了"势"的优势，从而成为以少胜多的著名战例，载入军事史册，对后世兵家的战争观念和决战思想产生着久远影响。

晋军与前秦军队隔岸对峙。

第六篇 虚实篇

"虚实"是指作战行动中虚虚实实、示形佯动等手段。本篇是《势篇》中"任势"战略思想的进一步发挥和深化。在本篇中，孙子论述了军事战争中"虚""实"相互对立、相互转化的关系，并提出了"兵形像水"的用兵规律。

【原文】

孙子曰：凡先处战地而待敌者佚，后处战地而趋战者劳。故善战者，致人而不致于人。能使敌人自至者，利之也；能使敌人不得至者，害之也。故敌佚能劳之，饱能饥之，安能动之。

【注释】

利之：以利引诱敌人。

害之：妨碍、阻扰敌人。

【译文】

孙子说：凡是先据战场等待敌人到来的就主动安逸。后到战场仓促应战的就疲劳被动。因此，善于指挥作战的人，能够调动对方而不被对方调动。能使敌人自动进入我们预定地域，是用小利引诱他们；不能使敌人到达预定地域的，是制造困难和危害阻止他们。因此，敌人休息的时候，就要干扰他们，使他们不能休息，使他们疲劳；敌人粮食充足的时候，要想办法使他们饥饿；敌人驻扎安稳，要想办法让他们转移，让他们立不住脚。

春秋时晋国虎形灶

【原文】

出其所不趋，趋其所不意。行千里而不劳者，行于无人之地也。攻而必取者，攻其所不守也；守而必固者，守其所不攻也。故善攻者，敌不知其所守；善守者，敌不知其所攻。微乎微乎，至于无形。神乎神乎，至于无声。

【注释】

出其所不趋：我军出击的地方是敌人无法救援的地方。出，出兵、出击。

趋其所不意：我军奔袭之处，出乎敌方意料之外。

【译文】

向敌人来不及急救的地方进军，向敌人预料不到的方向前进；行军千里而不疲劳的，是因为走的是没有敌人阻碍的地区。进攻而必然会成功的，是因为进攻的是敌人不防守的地方；防御而必然能够稳固的，是因为防守的是敌人不进攻或不容易进攻的地方。因此，善于进攻的，敌人不知道在哪里防守；善于防守的，敌人不知道从哪里进攻。微妙，非常微妙啊！微妙到看不出踪迹形影。神奇啊，太神奇了！神奇到听不见声息。

战国时期的骑兵

【原文】

故能为敌之司命。进而不可御者，冲其虚也；退而不可追者，速而不可及也。故我欲战，敌虽高垒深沟，不得不与我战者，攻其所必救也；我不欲战，虽画地而守之，敌不得与我战

中山国国王的军帐复原图

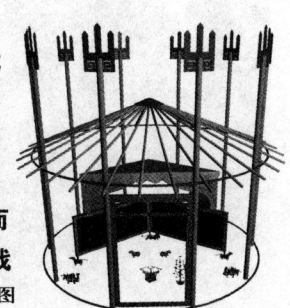

者，乖其所之也。

【注释】

　　为敌之司命：能主宰敌军，指挥敌军。司命，命运的主宰。

　　画地：划地。在地上画个界线，这里表示并没有修筑营寨工事。

【译文】

　　所以能够调动敌人，做敌人命运的主宰。进攻而使敌人不能抵御的，是因为袭击了敌人空虚的地方；撤退而使敌人无法追击的，是因为行动迅速使敌人追赶不上。所以我军想要攻打，敌人虽然有高高的城墙、坚固的堡垒和深沟也不得不出来同我作战，是因为我进攻的是敌人必救的地方；我军不想打，即使画地而守，敌人也无法来同我作战，是因为我们诱使敌人改变了进攻方向。

【原文】

　　故形人而我无形，则我专而敌分；我专为一，敌分为十，是以十攻其一也，则我众而敌寡，能以众击寡者，则吾之所与战者，约矣。吾所与战之地不可知；不可知，则敌所备者多；敌所备者多，则吾所与战者，寡矣。

【注释】

　　专：通"抟"，把散碎的东西捏聚成团。引申为结聚、集中，这里把指兵力集中在一起。

　　约：简明、节俭，引申为少、弱、有限。

【译文】

　　因此，能察明敌人情况而不让敌人察明我军情况，这样我军的兵力就可以集中起来，而敌人的兵力不得不分散。我军兵力集中在一处，敌人兵力分散在十处，这就是用十倍于敌的兵力去攻击敌人，这样就造成了我众敌寡的有利态势。能够集中优势兵力攻击处在劣势分散的敌人，那么同我军当面作战的敌人就有限。我军所要进攻的地方敌人不知道；不知道，敌人所要防备的地方就增多了。敌人防备的地方一增多，我军所要进攻的敌人就减少了。

【原文】

　　故备前则后寡，备后则前寡，备左则右寡，备右则左寡，无所不备，则无所不寡。寡者，备人者也；众者，使人备己者也。

【注释】

　　备前则后寡：用兵力防备了前面，后面的兵力就少了。

【译文】

　　因而敌人防备了前面，后面的兵力就会薄弱；防备了后面，前面的兵力就会减少；防备了左边，右边的兵力就薄弱；防备了右边，左边的兵力就薄弱；处处设防，就处处兵力薄弱；兵力薄弱是因为分散兵力防备敌人；兵力雄厚是因为使敌人被动地防备我军。

【原文】

　　故知战之地，知战之日，则可千里而会战。不知战地，不知战日，则左不能救右，右不能救左，前不能救后，后不能救前，而况远者数十里，近者数里乎？以吾度之，越人之兵虽多，亦奚益于胜哉？

【注释】

　　会战：预期会合兵力，同敌人作战。

度：揣度、推测。

【译文】

因此，能够预料到和敌人在什么地方打，在什么时间打，就是相隔千里也可以同敌人交战；不能预料在什么地方打，在什么时间打，那么在被打时，左翼就不能救右翼，右翼也不能救左翼；前面不能救后面，后面也不能救前面；何况战场一般范围都在数十里，最近也在数里呢？在我看来，越国的兵力虽多，对于决定战争的胜负又有什么好处呢？

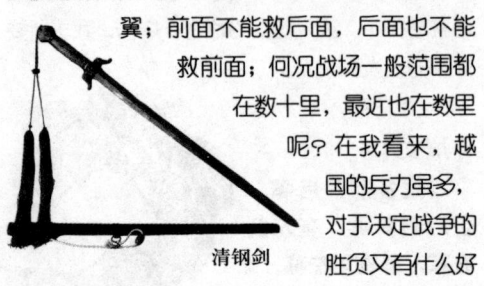

清钢剑

【原文】

故曰：胜可为也。敌虽众，可使无斗。故策之而知得失之计，作之而知动静之理，形之而知死生之地，角之而知有余不足之处。故形兵之极，至于无形；无形，则深间不能窥，智者不能谋。

【注释】

形兵：伪装示形于敌之兵。

智者：聪明的人。这里指精明能干的将领。

【译文】

因此，胜利是可以通过人为努力做到的。敌军虽多，但可以使他们无法同我较量。所以要策划一下作战的计谋，仔细分析、了解战斗将出现的各种情况，研究这些情况的得与失，利与弊。交战前先调动一下敌军，来了解敌人的活动规律，侦察一下哪里有利，哪里不利，先进行小的较量，来试探敌人。因此，伪装隐蔽行动做到最好的地步，可以达到使人看不出形迹。看不出形迹，即使有深藏的间谍也窥察不出我们的底细，高明的敌人也想不出好办法来对付。根据敌人的情况作战才能取胜。

【原文】

因形而措胜于众，众不能知；人皆知我所以胜之形，而莫知吾所以制胜之形，故其战胜不复，而应形于无穷。夫兵形像水，水之形，避高而趋下；兵之形，避实而击虚。水因地而制流，兵因敌而制胜。故兵无常势，水无常形，能因敌变化而取胜者，谓之神。故五行无常胜，四时无恒位，日有短长，月有死生。

【注释】

因形：因，依靠、凭借。根据。

战胜不复：不重复使用克敌制胜的手段。战胜，这里指战胜敌人的手段。

春秋时期的武士

【译文】

把胜利的结局告诉众人，众人还是不了解其中奥妙。人们只知道我们用了哪些可以战胜敌人的作战方法，却不知道我们是怎样运用这些作战方法的。因此，每次打胜仗的方法都不重复，而是适应不同的情况，变化无穷地运用的。用兵作战的方式就像水的运动那样，水的流动是避开高处而向下奔流；作战的规律是避开敌人的实处而攻击敌人的弱处。水由于地形而制约着它奔流的方向，作战则根据敌情而制定不同的取胜战术。因此，作战没有固定不变的方法，就像水没有固定的形态一样。能根据敌情的变化而取胜的，就叫做用兵如神。因此，五行的水、火、木、金、土互相制约，互相依存，没有哪一行永远取胜；四个季节相接替、相转换，没有哪一个季节固定不变。昼夜有长有短，月亮有圆有缺。

智慧解读

"兵者，诡道也。"兵不厌诈，出奇制胜，是孙子军事思想的精华。然而，何以为诈？诈从何来？如何用奇？奇出何处？在孙子看来，战场上的用诈，就是以虚为实，以实为虚；所谓出奇，其关键所在是避实就虚，以实击虚，出其不意，攻其不备。因此，虚实原则是用兵的根本原则之一，是保证战争胜利的秘诀。

【原文】

【兵法范例】
李广计退匈奴兵

汉景帝时期，西汉著名的大将李广在上谷郡（今河北省怀来县）担任太守。上谷郡位于汉朝北部，与匈奴相毗连。匈奴和李广的军队几乎每天打仗。

一天，李广带着一百多名骑兵，为追赶几个匈奴兵进入了匈奴领地。突然他们发现前面尘土飞扬，原来是匈奴的大队骑兵到了，有好几千人。这时，匈奴骑兵也发现了李广。面对来势汹汹的匈奴骑兵，李广的部下非常害怕，企图逃跑。李广对他们说："现在我们远离主力大军，如果逃跑，匈奴追赶过来，没有一个人能跑掉。现在我们不走，匈奴反而以为我们是诱兵，不敢进攻我们。"于是，李广命令士兵继续前进。当他们走到离匈奴阵地只有一千米的时候，这才停下来。接着，李广又命令他们都下了马，并卸下马鞍。果然，匈奴骑兵把李广等人当成了诱兵，害怕中汉军的埋伏，不敢进攻。

过了一会儿，一个匈奴头目骑着马到阵前监护匈奴骑兵。李广见了，立即跨上战马，带领十几名骑兵，冲上前去，射杀了那个匈奴头目，然后又从从容容地回到原地解下马鞍，横七竖八地躺在地上休息。这时，天色渐晚，夜幕徐徐降临。匈奴骑兵对李广一行的举动始终觉得神秘莫测，一直没敢贸然进攻。到午夜时分，他们唯恐受到汉朝伏兵的袭击，便趁着夜色全部退走了。第二天凌晨，李广见对面山坡上静悄悄的，一个人也没有，这才带着那一百多名骑兵平安地返回大营。

李广在劲敌面前，知道逃走必死，索性使出一个"险招"，逼近敌人阵前休息，射杀前来侦察的敌军将领，以说明自己这百十兵马不怕匈奴骑兵的进攻。他虽然把自己的"形"暴露无遗，却给敌人造成了错觉，让他们误以为汉朝军队主力就在附近，这少数兵马只是诱饵，最终不敢发起攻击。李广以弱示强，虚虚实实，虎口脱险，印证了"形兵之极，至于无形"的用兵境界。

李广跨在战马上，射杀一个匈奴的头目。

【兵法范例】
铁木真疲敌胜乃蛮

金泰和四年（公元1204年），蒙古草原的各部落间征战频繁。乃蛮部是蒙古草原上最大的一个突厥语系部落，其首领太阳汗依仗自己势力强大，率兵攻打铁木真（即后来的成吉思汗）。经过一天的激战，双方胜负未分。

当天晚上，太阳汗刚刚睡下，疲劳了一天的士兵们也渐渐睡熟，忽然哨兵前来报告："铁木真营中火光四起，亮如白昼。"太阳汗怕铁木真前来劫营，急忙发出命令，让士兵们立即起身，赶紧布防。到了半夜时分，敌营方向却毫无动静。乃蛮士兵刚要回帐休息，哨兵又来急报：敌营中再次出现火光。太阳汗不知铁木真的虚实，不敢再睡，只好和衣而卧，等待天亮。营中也喧喧嚷嚷地哄闹了一夜。

铁木真利用疲敌之计把乃蛮军队搞得困倦难忍，然后趁机向他们袭击。

第二天天刚亮，铁木真军就发起了进攻，疲惫的太阳汗望着精神抖擞的蒙古士兵，心里非常胆怯，命令自己的军队一退再退。原来，铁木真只有四万人的劣势兵力，而太阳汗有八万之众的优势兵力。铁木真自知靠硬拼很难取胜，便想出一条灭敌之计：在夜晚命令一部分士兵们到营外，一人点起五堆火，用火光虚张声势，威吓敌人。乃蛮军不知铁木真的用意，不仅一夜没有休息，而且心中充满了疑虑，军心涣散。

当夜幕再次降临以后，乃蛮士兵们因前夜没睡，困倦难忍。他们见铁木真营内毫无动静，就倒卧在阵前山坡上进入了梦乡。这时，铁木真大军悄悄地包围了乃蛮驻地。突然一声号令，顿时杀声四起，不少乃蛮士兵还在睡梦中，就糊里糊涂地做了刀下之鬼。残余的乃蛮士兵被铁木真军追杀得无路可逃，纷纷跪地乞降。太阳汗也负伤多处，被铁木真军俘虏，不久，因伤重身亡。

在这次战役中，铁木真先疲敌，昼夜骚扰敌人，令敌人疲惫不堪，战斗力下降；后误敌，使敌人因习惯骚扰而丧失警惕性；最后一鼓作气，征服了乃蛮部落。

【兵法范例】
张巡草人借箭

唐朝安史之乱时，叛将安禄山占领了洛阳。雍丘(今河南省杞县)县令令狐潮投降叛军，做了安禄山的部将，替他攻城陷地。而与雍丘相邻的真源县(今河南省鹿邑县东)县令张巡拒绝了安禄山的诱降，率领仅有的千余名唐兵与叛军作战，并占领了雍丘。令狐潮带领四万叛军前来进攻。他在雍丘城下对张巡喊话："唐朝已经快灭亡了，你坚守孤城，究竟是替谁卖命呢？"张巡义正词严地反问道："你平生自称是忠义之士，如今你背叛朝廷，有什么忠义可言？"张巡率雍丘将士奋勇抗击，打退了叛军三百多次进攻。可防守时间一长，城里的箭用完了。没有了箭，如何守城呢？为此，张巡万分焦虑，苦思对敌良策。

一天深夜，雍丘城头上黑压压一片，忽然隐隐约约有成百上千个穿着黑衣服的士兵，沿着绳索爬下墙来。这件事被令狐潮知道了，他断定是张巡派兵偷袭，就命令士兵向城头放箭，一直放到天色发白。此时叛军才发现城墙上所挂的全是草人，草人身上密密麻麻地插满了箭。令狐潮方知上当。张巡利用"草人借箭"之计，得箭几十万支，补充了城里箭的不足。

过了几天，还是像前次夜里一样，城墙上又出现了"草人"。令狐潮的兵士见了感到又气愤，又好笑。他们认为张巡又来骗箭，谁也不理睬，也没报告令狐潮。他们哪里知道这次城上吊下来的并非草人，而是张巡派出的五百名士兵。这些士兵趁叛军不防备，突然向令狐潮的大营发起猛烈袭击。令狐潮正在酣睡，忽报有唐军来袭，吓得睡意顿消，忙下令集合人马，但仓皇之中，已来不及组织抵抗。几万军队失去指挥，被唐军杀得四散奔逃。

张巡采取虚虚实实的办法，用假象欺骗敌人，并适时化假为真，给敌人以出其不意的攻击，一度扼制了叛军的进攻。其用兵之妙令人叹服。

张巡命人从城墙上吊下草人，令狐潮以为是张巡派兵偷袭，命令士兵放箭。

第七篇 军争篇

"军争"乃"两军相对而争利",即两军争夺制胜条件,争取战场上的主动权。孙子在本篇中主要论述了在一般情况下怎样趋利避害,力争掌握战场上的主动权,夺取制胜条件的基本规律,并提出了"避其锐气,击其惰归"的作战原则。

【原文】

孙子曰:凡用兵之法,将受命于君,合军聚众,交和而舍,莫难于军争。军争之难者,以迂为直,以患为利。

【注释】

和:和门,即军门。

舍:休止。此指设营驻扎。古以行军三十里为一舍。

【译文】

孙子说:大凡用兵作战的原则,从主将接受国君的命令,到征集民众组成军队,开赴前线与敌人对阵,没有什么比掌握夺取制胜的主动权更困难的了。夺取制胜的主动权的困难之处,就在于要把迂远曲折的途径变为近直方便的道路,把不利变为有利。

【原文】

故迂其途,而诱之以利,后人发,先人至,此知迂直之计者也。

【注释】

后人发:比人后发。人,指敌军。

先人至:比敌军先到达战地。

【译文】

所以故意迂回绕道,并用小利引诱敌人在途中滞留,这样我军做到比敌人后出动而先到达,这就是懂得以迂为直的计谋了。

【原文】

故军争为利,军争为危。举军而争利,则不及;委军而争利,则辎重捐。

【注释】

委军:指丢下辎重装备的军队,轻装前进。委,委弃,舍弃。

【译文】

所以,军争既有有利的一面,又有有害的一面。如果全军带着辎重去争利,就会行动迟缓而赶不上;如果放下辎重去争利,辎重就会损失。

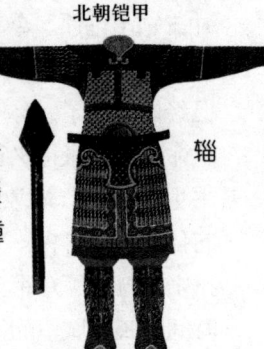

【原文】

是故卷甲而趋,日夜不处,倍道兼行,百里而争利,则擒三将军,劲者先,疲者后,其法十一而至。

【注释】

三将军:指上、中、下或左、中、右三军将领,统指全军的主将。

【译文】

因此,卷起铠甲迅捷进军,昼夜不停,用加倍的行程行军,走上百里去和敌人争利,三军将领有可能全部被俘,健壮的士兵先到了,疲弱的士兵就掉队了,这种办法的结果,只有十分之一的人马赶到。

【原文】

五十里而争利,则蹶上将军,其法半至;三十里而争利,则三分之二至。是故军无辎重则亡,无粮食则亡,无委积则亡。

【注释】

上将军：统率前军的将领，"上"，作"先"解。

【译文】

走上五十里路程去和敌人争利，前军将领就可能遭受挫败，这种办法的结果是只有一半人马赶到；走上三十里路程去和敌人争利，那也只有三分之二的人马能够赶到。因此，军队没有辎重就会失败，没有粮食就不能生存，没有物资储备就不能存立。

秦代铜箭簇

【原文】

故不知诸侯之谋者，不能豫交；不知山林、险阻、沮泽之形者，不能行军；不用乡导者，不能得地利。

【注释】

乡导：即"向导"，熟悉当地情况的带路人。乡，通"向"。

做面食女俑群
此俑再现了唐时妇女制作面食的过程。

【译文】

所以，不了解诸侯列国的谋略，不能预先结交；不熟悉山林、险阻、沼泽等地形的，就不能行军；不用向导的，就不能得到地利。

【原文】

故兵以诈立，以利动，以分合为变者也。故其疾如风，其徐如林，侵掠如火，不动如山，难知如阴，动如雷震。

【注释】

难知：指隐匿真形，敌人无法测知；如阴，如

阴云蔽日，不辨天象。

【译文】

所以，用兵打仗以诡诈的办法取胜，根据对我方是否有利而采取相应行动，兵力分散与集中，应根据情况变化而变化。因此，军队急速进军时像迅猛的狂风，缓慢行进时犹如严整不乱的森林，进攻敌人时如燎原的烈火，坚守时像绝难撼动的山岳，隐蔽时似浓云遮蔽了日月，行动时犹如雷击电闪，威震四方。

【原文】

掠乡分众，廓地分利，悬权而动。先知迂直之计者胜，此军争之法也。

彩绘武士俑
本组俑再现了唐朝纵横沙场的武士的形象。

【注释】

廓地分利：指开拓土地，分给有功者。廓，通"扩"，扩大、开拓。

悬权而动：权衡利害形势，相机而动。权，本指秤锤，用以称物体的重量，此处借用作权衡利害之意。

【译文】

掠取敌人乡区资财要分出一部分奖励部下。扩大疆土要分给有功者，要权衡利害形势而相机行动。先懂得以迂为直计谋的就能取胜，这就是军争的原则。

【原文】

《军政》曰："言不相闻，故为金鼓；视不相见，故为旌旗。"夫金鼓旌旗者，所以一人之耳目也；人既专一，则勇者不得独进，怯者不得独退，此用众之法也。故夜战多火鼓，昼战多旌旗，所以变人之耳目也。

【注释】

旌旗：泛指旗帜。旌，古代杆首装饰有羽毛的旗帜。

【译文】

《军政》中说："说话相互听不见，所以

设置金鼓；眼睛相互看不见，所以设置旌旗。"金鼓、旌旗，是用来统一人的视听的。人们的视听既然统一了，那么勇敢的人就不会单独冒进，怯懦的人也不会单独后退了，这是指挥部队作战的方法。所以，夜间作战多用金鼓，白天作战多用旌旗，之所以这样，是为了适应士兵耳目的视听。

北周钱币

【原文】

故三军可夺气，将军可夺心。是故朝气锐，昼气惰，暮气归。故善用兵者，避其锐气，击其惰归，此治气者也。

【注释】

夺气：挫伤士气。
夺心：动摇决心。

【译文】

所以，对敌人三军，可以使其挫伤士气；对敌将，可以使他动摇决心。这是由于军队在开始士气旺盛，过后士气就逐渐懈怠，最终士气就衰竭了。所以善于用兵的人，总是避开敌人的锐气，到敌人士气松懈、消沉时再去打它，这是掌握军队士气的方法。

【原文】

以治待乱，以静待哗，此治心者也。以近待远，以佚待劳，以饱待饥，此治力者也。无邀正正之旗，无击堂堂之陈，此治变者也。

【注释】

无邀正正之旗：无，通"勿""毋"；邀：遮留、阻截，指截击；正正：严整的样子。

无击堂堂之陈：堂堂，壮大的样子；陈：古"阵"字。此句意为：不要攻击阵容强大的敌军。

【译文】

用自己的严整来对待敌人的混乱，用自己的镇静来对待敌人的骚动，这是掌握军心的方法。以自己接近战场来对待远道而来的敌人，以自己的安逸休整来对待奔走疲劳的敌人，以自己的粮草充足来对待饥饿的敌人，这是掌握军队战斗力的方法。不要截击旗帜严整的敌军，不要攻击阵容强大的敌军，这是掌握灵活机动战术的方法。

【原文】

故用兵之法，高陵勿向，背丘勿逆，佯北勿从，锐卒勿攻，饵兵勿食，归师勿遏，围师必阙，穷寇勿迫。此用兵之法也。

【注释】

佯北：假装败走。
锐卒：指士气旺盛的敌军。
饵兵：用以诱敌的小部队。
阙：通"缺"。

【译文】

所以，用兵的原则是：据高陵之敌，不要仰攻它；背靠高丘之敌，不要迎击它；敌人假装败走，不要跟踪追击；敌人锐气正盛，不要轻易去进攻；敌人用兵做诱饵，不要上当受骗；敌人退回本国，不要去阻截拦击；包围敌人，一定要缺开一面；敌人陷入绝境，不要去逼迫。这些，就是用兵的一般原则。

景帝阳陵俑群
俑群陈列整齐，显示出宏阔雄壮的气势。

智慧解读

两军相争，其关键是力争掌握战场上的主动权。所以，如何先敌占领战场要地，造成有利态势，从而掌握有利战机，是两军相争中最重要的问题，同时也是最困难的问题。本篇论述的主要问题，正是如何先敌争取制胜的条件，取得有利的作战局势，对军争的意义、军争的利弊、军争的原则和基本战术，都做了系统而精辟的分析论述。

【兵法范例】
四面楚歌败项羽

汉高祖四年（公元前203年）八月，楚王项羽和汉王刘邦议和，划鸿沟为边界，中分天下。一个月后，项羽领军东归。刘邦也想回西部去。

刘邦的谋臣张良、陈平建议他趁楚军粮草不足、士兵疲乏的时机消灭项羽，刘邦欣然接受了这个建议。他火速派手下大将韩信、彭越同时出兵，自己也亲率大军追击楚军，合力灭楚。韩信、彭越接到命令，立即大举进兵，直逼项羽于垓下（今安徽省灵壁县东南），并将其团团围住。楚军被困日久，缺衣少食，军心不稳。

为了彻底瓦解项羽官兵的斗志，刘邦采纳张良的计策，命令汉军高唱楚地的歌曲。这天晚上，夜深人静，突然从汉营飘来一片楚歌，且伴有箫声，甚是凄凉哀怨："寒夜深冬兮，四野飞霜。天高水固兮，寒雁悲怆。最苦戍边兮，日夜彷徨……"项羽听了，大吃一惊，心想："汉军难道已经完全占领了楚地？"楚歌仍不断地传来："白发倚门兮，望穿秋水。稚子忆念兮，泪断肝肠……"一时间，楚军四面楚歌，此起彼伏。项羽军队中的士卒听到家乡民歌，备感亲切，自然引起了他们的思乡之情。有的随之唱和，有的潸然泪下，哪还有心思打仗？三三两两的楚军士兵开始叛逃，到后来竟整批地逃到汉营。项羽面对如此情况，也是无可奈何。他的宠妃虞姬鼓励项羽赶快杀出重围，东山再起，说罢自刎身亡。

项羽悲愤交加，仅率二十八骑突围至乌江（今安徽省和县东北）边，却被汉军团团围住，最后只好拔剑自尽。至此，楚汉之争以刘邦获胜而告终。张良运用"攻心夺气"的计策，教所有的汉军将士唱楚歌，从而使楚军士气低落、溃不成军。从中我们可以看出，敌对双方的拼死相争，说到底是斗争意志的较量。因此，在战争中想办法摧毁敌人将帅的意志，往往可以收到事半功倍的效果。

项羽面临四面楚歌的境地，被迫在乌江边自刎。

【兵法范例】
张飞喝断当阳桥

三国时期,曹操领兵大举进攻樊城(今湖北省襄樊市)。为保城中百姓,刘备只得弃城而去,不幸与幼子阿斗失散。大将赵子龙于千军万马中救出幼主,往当阳桥而去,后面曹将文聘率军穷追不舍。

赵云来到桥边,已是人困马乏,忽见刘备的结拜兄弟张飞挺矛立于桥上,率领二十余骑前来接应。张飞让赵云先走,自己据桥退敌。眼见曹军成千上万的兵马杀将过来,张飞心生一计。他命士兵到桥东的树林内砍下树枝,拴在马尾巴上,然后策马在树林内往来驰骋,冲击尘土,使人以为有重兵埋伏。

曹将文聘率军追到当阳桥,见张飞

张飞在当阳桥上一声大吼,吓得夏侯杰肝胆碎裂,坠马而死。

倒竖虎须,圆睁环眼,手持长矛,立马桥上;又见桥东树林之后尘土大起,疑有伏兵,便勒住马,不敢近前。张飞立于桥上,见文聘后面有青罗伞盖、仪仗旌旗来到,知是曹操亲来阵前查看,心中一急,怒声喝道:"我乃燕人张翼德,谁敢来与我决一死战?"声如巨雷,吓得曹兵两腿发抖。曹操赶紧命左右撤去伞盖,环视左右将领,说:"我曾闻张飞能于百万军中取上将头颅,如囊中取物。今天遇见,大家万万不可轻敌。"曹操话音刚落,张飞又大声叫战。

曹操见张飞如此气概,又怕中诸葛亮的计策,准备退军。张飞见曹军阵脚移动,又大吼一声:"战又不战,退又不退,却是何故?"喊声未绝,曹军一员大将夏侯杰惊得肝胆碎裂,坠马而死。曹军将士见此情景掉转马头,回身便跑。一时间人如潮涌,马似山崩,伤者无数。张飞见曹军退去,令士兵拆断当阳桥,回营交令去了。张飞凭借自己的士气,喝退了曹操的大军,这正应验了《孙子兵法·军争篇》关于"士气"的理论核心,即"三军可夺气,将军可夺心"。

【兵法范例】
阿骨打智激将士胜辽军

女真族建立金王朝之前，是个多部落组成的民族共同体，散居在长白山及黑龙江、松花江流域，受辽国的统治。辽人对女真人的奴役与压迫，迫使女真人开始反抗。辽天庆三年(公元1113年)，女真族完颜部在阿骨打的率领下开展了抗辽斗争。

辽天庆五年（公元1115年），阿骨打建立金国，并率兵攻占了辽国的后方黄龙府（今吉林省农安县），辽天祚帝耶律延禧调集了七十万大军向金军压过去。金军势单力薄，形势十分危急。阿骨打急忙召集部将商量对策。由于力量对比悬殊，众将心中无底，都面露难色。

阿骨打见此，为了扭转气氛，激励士气，运用起"哀兵"之谋。他抽出剑，仰望天空，痛哭流涕，说："我们不堪忍受辽人压榨欺侮，所以起兵造反，自立一国，使我族人变奴隶为主人。哪知此举却惹得辽人倾全力来对付我们。情势如此危急，生路只有两条，一条是全族人同心合力，携手作战，或许可转败为胜；一条是众人杀了我全家老小，把造反罪名推到我身上，然后去乞求辽人开恩，或许可转祸为福。何去何从，请大家定夺。"各部首领见阿骨打涕泪纵横，悲愤交集，也动了感情，心想：起兵反辽是大家的主意，怎能让他一人顶罪？再说，即使杀了他去乞求，也未必能得到辽人的宽恕，同样落个可悲的下场，倒不如拼全力搏一次。于是大家齐声说："我们起兵，为的是我族的独立，大家都是自愿的。事已至此，只有决一死战。我们愿听从您的指挥，赴汤蹈火，在所不辞！"此时一度低迷消沉的士气被振奋起来，众将士众志成城，决心与辽军奋战到底。阿骨打遂乘势率二万轻骑奔袭辽军，重创辽军主力，扭转了被动局面，取得了军事上的主动地位。

阿骨打从腰中抽出宝剑，痛哭流涕，运用"哀兵"之计来激励士气。

第八篇 九变篇

本篇主要论述应根据各种特殊情况，灵活机动地变换作战方式与策略。上篇《军争篇》已阐明一般情况下两军争胜争利的原则，同时也提及"以分合为变""治变"之术，为了补充说明"治变"的思想，孙子特立此篇，系统地进行了论述。

【原文】

孙子曰：凡用兵之法，将受命于君，合军聚众，圮地无舍，衢地交合，绝地无留，围地则谋，死地则战。

【注释】

圮地：指山林、险阻、沼泽等难以通行的地方。圮，毁，坏。

衢地：指四通八达的地方。

【译文】

孙子说：大凡用兵的原则是，将帅接受国君的命令，聚集民众组成军队，在山林、险阻、沼泽等难以通行的地方不要驻扎宿营；在四通八达的地方要与邻国结交；在没有井、泉，无从畜牧和樵采，难以生存的地方不要久留；在四面险阻、通道狭窄、容易被敌人包围的地方，要提高警惕，巧设奇谋；在没有出路、非死战不得生存的地方要殊死奋战。

【原文】

涂有所不由，军有所不击，城有所不攻，地有所不争，君命有所不受。

【注释】

涂，通"途"，道路。

战国时期楚国长城遗址

【译文】

有的道路不要去走；有的敌军不要去攻击；有的城寨不要去攻占，有的地方不要争夺；将领已接受命令之后，国君的命令有的不要接受。

【原文】

故将通于九变之利者，知用兵矣；将不通九变之利者，虽知地形，不能得地之利矣，治兵不知九变之术，虽知五利，不能得人之用矣。

战国时期的士兵

【注释】

九变：指从"圮地无舍"至"地有所不争"等九项用兵原则。变，机变。

五利：指"圮地无舍，衢地交合，绝地无留，围地则谋，死地则战"这五种利害关系。

【译文】

所以，将若精通于九变之利害，就算懂得用兵了。将若不精通于九变之利害，虽然熟悉地形，也不能利用好地形；将若不精通九变全面之术，虽然知道前五种利害关系，也不能受人重用啊！

【原文】

是故智者之虑，必杂于利害。杂于利而务可信也，杂于害而患可解也。

【注释】

杂于利害：兼顾到利和害两方面。杂，搀杂，引申为兼顾。

务可信：事情可以顺利进行。务，事实；信，通"伸"，伸展，顺利进行。

【译文】

所以高明的将帅考虑问题，一定要兼顾利和不利两个方面。在有利的情况下想到不利的一面，事情就可以顺利进行；在不利的情况下想到有利的一面，祸患就可以解除。

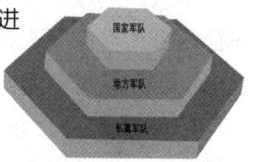

春秋战国时常备军的构成

【原文】

是故屈诸侯者以害，役诸侯者以业，趋诸侯者以利。

【注释】

屈：不伸展，指计划不能顺利执行。

业：事业，事情。

【译文】

所以要使列国诸侯的行军计划遭到挫折，就要用它最厌恶的事情去扰乱它；要使列国诸侯烦劳困顿，就要用琐碎的事情去干扰它；要使列国诸侯被动奔走，就要用它贪图的小利去引诱它。

【原文】

故用兵之法，无恃其不来，恃吾有以待也；无恃其不攻，恃吾有所不可攻也。

【注释】

恃吾有以待：要依靠自己有充分的准备，不可被攻克。恃，依赖，依仗；不可攻，不可被攻克。

【译文】

所以用兵的原则，不要指望敌人不来，而要依靠自己做好充分的准备等待敌人来；不要指望敌人不进攻，而要依恃自己具有不可攻破的力量使之不敢进攻。

嵌卷云纹羊首车辖
这是秦国的车辖，而这种羊首装饰是战车的标志。

【原文】

故将有五危：必死，可杀也；必生，可虏也；忿速，可侮也；廉洁，可辱也；爱民，可烦也。凡此五者，将之过也，用兵之灾也。覆军杀将，必以五危，不可不察也。

【注释】

必死：指必欲死斗，有勇无谋。

必生：指贪生怕死，怯弱不前。

忿速：指忿怒。

【译文】

所以将帅有五种危险：一味死拼，就可能中计被杀；怯弱贪生，就可能被敌人俘虏；急躁易怒，就可能被敌人凌侮而轻举妄动；廉洁自爱，就可能被敌人污辱而不惜殉身；溺爱民众，就可能因救护民众而陷于烦劳。以上五种偏激的性情，是将帅的缺陷，是用兵的祸害。全军覆没，将帅被杀，必然由这五种危险引起，这是不能不深思熟虑的。

金马络头

智慧解读

战场上的情况是千变万化的，胜败在很大程度上取决于将帅的应变能力。孙子用"九变"来形容这种变化，可见变化之多。孙子在开篇提出了在不同地形下，由于位置、地貌的不同，而应采取不同的部署与措施。此外，孙子还提出了"将帅五危论"，以及"君命有所不受"等观点，这些都是很重要的军事原则。

【兵法范例】
周亚夫平定七国之乱

汉景帝前元三年（公元前154年），汉朝诸侯王以吴王刘濞为首，打着"清君侧，诛晁错"的口号，组成吴楚联军，爆发了"七国之乱"。

汉景帝连忙派太尉周亚夫平定叛乱。周亚夫与吴楚联军相遇在下邑(今安徽省砀山县)。吴楚联军人多势众，频频发动进攻。周亚夫正面挡敌，坚守不出，同时，他让梁王刘武(汉景帝刘启的弟弟)坚守梁都睢阳（今河南省商丘市）。然后周亚夫悄悄派出轻骑插入敌后，断绝吴军的粮道。吴楚联军久攻睢阳不下，转攻周亚夫率领的汉军。周亚夫仍据险固守，不急于应战。吴楚军队连战无功，士气低落，再加上此时军粮断绝，不得不退走。周亚夫挥兵猛追，吴王刘濞失败，仅带一千多人，逃过长江，企图退据东越（今属福建省）。周亚夫乘势追杀，俘虏了吴国将士，并悬赏黄金千斤捉拿吴王。

一个多月后，东越王在汉军的威胁和利诱下，杀了吴王刘濞。楚王刘戊也兵败自杀。周亚夫仅用了三个月的时间，便将七国之乱的主力——吴楚联军的叛乱平息。很快，其他诸侯国也一一被击败，七国之乱彻底被平定。

周亚夫根据敌我双方兵势的情况，充分利用地形、兵势之利，灵活处理进攻和防守的关系，采取以防御为主的战略手段，完成了通常用战略进攻才能完成的任务，确实不愧为"通于九变之地利"的军事统帅。

周亚夫派出轻骑兵，断了吴楚联军的粮道。

【兵法范例】
敢于抗命的赵充国

西汉时期，生活在中国西北河湟（古代称湟水流域及黄河合流的一带为"河湟"）地区的羌人势力逐渐强大，他们开始向东迁移，常常与西汉发生冲突。

汉宣帝即位后，他派富有军事指挥才能的赵充国到河湟地区对羌人进行安抚。而羌人的首领一方面对汉朝假装示好，另一方面派人到匈奴去借兵，企图进攻鄯善（今新疆维吾尔自治区鄯善县）、敦煌，阻碍汉朝通往西域的道路。汉宣帝得到消息后，便于汉宣帝神爵元年（公元前61年），派辛武贤、许延寿两位大将率军与赵充国会合，大举进攻羌人。

这时，羌人在赵充国的安抚下，已有一万多人归附。赵充国接到朝廷攻打羌人的诏令后，并不主张用兵，而是派步兵在当地屯垦戍卫，等待反叛的羌人自行败亡。有人劝说赵充国不要坚持自己的意见："您违背了皇上的意图，如果皇上派御史前来问罪，将军不能自保，又怎能保证国家的安全？"赵充国并不因此动摇，始终坚持自己的想法，多次上书汉宣帝，重申自己的观点。他说："对付羌人，智取较容易，武力镇压难度就大，所以我认为全力进攻不是上策！我建议：撤除骑兵，留步兵一万人，分别屯驻在要害地区，一面武装戒备，一面耕田积粮，恩威并行。这样可以节省大笔开支，并且可以维持士卒的费用。留兵屯田足可平定西域。"汉宣帝采纳了他的意见。最后羌人归顺了汉朝。

"将在外，军命有所不受"是一条富有真知灼见的军事理论，而在历史上，机械地按国君命令行事，最后遭致惨败的例子不胜枚举。而赵充国敢于抗命，不断重申自己的观点，最终让汉宣帝采纳了比较符合实际的边防政策，从而保障了西域的安全。

尽管皇帝传下诏令，众人也在不断地劝说他，赵充国却始终坚持自己的想法，没有对羌人采取武力镇压。

第九篇 行军篇

本篇主要论述在不同地理条件下如何行军作战、驻扎安营，以及怎样根据不同情况观察判断敌情等问题。本篇是《孙子兵法》十三篇中较多谈到行军布阵的篇章，旨在论述"处军""相敌"和"附众"三个问题。

【原文】

孙子曰：凡处军相敌：绝山依谷，视生处高，战隆无登，此处山之军也。

【注释】

处军：军队在各种地形位置上的处置方法。

相敌：观察、判断敌情。相，观察。

绝山依谷：指通过山地，要傍依溪谷行进。绝，越过、穿越。

视生处高：指面向朝阳，身居高地。视，面向；生，生地，指向阳地区；处高，即居高之意。

战隆无登：指在隆高之地与敌作战，不宜作自下而上的攀登仰攻。隆，高地；登，攀登。

【译文】

孙子说：在部署军队和观察判断敌情时，都应该注意：通过山地时，要靠近溪谷行进，安营扎寨要驻扎在居高向阳的地方，敌人占领了的高地不要去攀登仰攻，这是军队在山地上的处置原则。

【原文】

绝水必远水；客绝水而来，勿迎之于水内，令半济而击之，利；欲战者，无附于水而迎客；视生处高，无迎水流，此处水上之军也。

【注释】

绝水必远水：横渡江河，一定要在离江河稍远处驻扎。

勿迎之于水内，令半济而击

之：不要在敌军刚到水边时迎击，而要让敌军渡到一半时发动攻击。此时敌军首尾不接，队列混乱，攻之容易取胜。迎，迎击；水内，即边，济，渡；半济，指渡过一半。

无附于水而迎客：不要在挨近江河之处同敌人作战。无，勿；附，靠近。

无迎水流：勿居下游。此指不要把军队驻扎在江河下游处，以防敌人决水、投毒。

【译文】

横渡江河，必须在远离江河处驻扎；敌人渡水来战，不要在他到水边时予以迎击，而要等他渡过一半时再进行攻击，这样才有利；如果要同敌人决战，不要紧挨水边布兵列阵；在江河地带驻扎，也应当居高向阳，不要处于江河下游处，这是军队在江河地带上的处置原则。

【原文】

绝斥泽，惟亟去无留；若交军于斥泽之中，必依水草而背众树，此处斥泽之军也。

【注释】

绝斥泽：通过盐碱沼泽地带。斥，盐碱地；泽，沼泽地。

亟：急，迅速。

若交军于斥泽之中：指如果在盐碱沼泽地带

与敌作战。交军，两军相交。

必依水草而背众树：指一定要依近水草并背靠树林。依，依近；背，背靠、倚托之意。

【译文】

通过盐碱沼泽地带时，应该迅速离开，不要停留；倘若同敌人相遇于盐碱沼泽地带，那就一定要靠近水草并背靠树林，这是军队在盐碱沼泽地带上的处置原则。

【原文】

平陆处易而右背高，前死后生，此处平陆之军也。凡此四军之利，黄帝之所以胜四帝也。

【注释】

前死后生：前低后高。本句意为在平原地带作战，也要做到背靠山险而面向平地。生、死，此处指地势高低，以高为生，以低为死。

四军之利：指上述山地、江河、盐碱沼泽地、平原四种地形条件下的处置原则。

黄帝之所以胜四帝也：黄帝，即轩辕氏，传说中是中国中原各族的共同祖先；四帝，指黄帝时代四周的部落首领。

【译文】

在平原地带要占领平坦开阔地域安营，而右翼部队则应倚托高地，做到前低后高，这是军队在平原地带上的处置原则。以上四种军队的处置原则运用带来的好处，正是黄帝之所以能战胜四周部落首领的原因。

【原文】

凡军好高而恶下，贵阳而贱阴，养生而处实，军无百疾，是谓必胜。

【注释】

好高而恶下：喜欢高处而讨厌低处。好，喜欢；恶，讨厌。

贵阳而贱阴：看

黄帝轩辕氏

重向阳之处而卑视阴湿地带。贵，重视；阳，向阳干燥的地方；贱，轻视；阴，背阴潮湿的地方。

养生而处实：指军队要选择水草和粮食充足、物资供给方便的地域驻扎。养生，指有水草之利；处实，所处之地，安全可靠。

【译文】

在一般情况下，军队总是喜欢驻扎在干燥的高地，厌恶潮湿的洼地，重视向阳之处，轻视阴湿之地。靠近水草丰茂、军需供应方便、安全可靠的地方，将士百病不生，克敌制胜就有了保证。

【原文】

丘陵堤防，必处其阳而右背之。此兵之利，地之助也。

【注释】

必处其阳而右背之：指置军于向阳之地并使其右翼主力部队背靠高地。

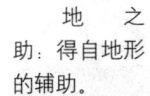

地之助：得自地形的辅助。

西山城址壕沟
城墙和壕沟共同构成了西山城坚固的防御体系。

【译文】

在丘陵堤防地域，必须占领朝南向阳的一面，而把右翼主力部队背靠高地，这些对于用兵有利的措施，是得益于地形的辅助。

【原文】

上雨，水沫至，欲涉者，待其定也。凡地有绝涧、天井、天牢、天罗、天陷、天隙，必亟去之，勿近也。吾远之，敌近之；吾迎之，敌背之。

【注释】

上雨，水沫至，欲涉者，待其定也：上，指上游；沫，水上的草木碎沫；定，指水势平稳。

绝涧：指两岸峭峻、水流其间的险恶地形。

天井：指四周高峻、中间低洼积水的地形。

天牢：指三面徒壁环绕、易进难出的地形。牢，牢狱。

天罗：指荆棘丛生，军队进入后如陷罗网般无法摆脱的地形。罗，罗网。

天陷：指地势低洼、泥泞易陷的地带。陷，陷阱。

天隙：指两山之间狭窄难行的谷地。隙，狭隙。

【译文】

上游下雨涨水，洪水骤至，水上的草木碎沫就会聚集而至，部队若想要涉水过河，得等待水流平稳后再过。凡是遇上绝涧、天井、天牢、天罗、天陷、天隙这六种地形，必须迅速离开，不要靠近。我军远远离开它们，而让敌人去接近它们；我军应面向它们，而让敌人去背靠它们。

【原文】

军旁有险阻、潢井、葭苇、山林、翳荟者，必谨复索之，此伏奸之所处也。

【注释】

险阻：险山大川阻绝之地。

潢井：指积水低洼之地。潢，积水池；井，指内涝积水、洼陷之地。

葭苇：芦苇，这里泛指水草丛聚之地。

山林、翳荟：指山林森然，草木繁茂。

东汉灭火陶井

必谨复索之：一定要仔细、反复地进行搜索。谨，谨慎；复，反复；索，搜索、寻找。

【译文】

行军过程中如遇到险山大川阻绝之地，洼陷之地，水草丛聚之地，山林森然、草木繁茂之地，一定要谨慎地反复搜索，这些都是敌人可能设下伏兵和隐藏奸细的地方。

【原文】

敌近而静者，恃其险也；远而挑战者，欲人之进也；其所居易者，利也。众树动者，来也；众草多障者，疑也。鸟起者，伏也；兽

官渡古战场遗址
官渡之战中，曹操虽处劣势，但他兵少而精，又善于用计，最终赢得了胜利。

骇者，覆也。

【注释】

其所居易者，利也：敌军在平地上驻扎，是因为进退便利才这样做。易，平易，指平地。

众草多障者，疑也：在杂草丛生之处设下许多障碍，是企图使我方迷惑。疑，使迷惑，使困惑之意。

【译文】

敌人离我很近而保持安静的，是倚仗他占领着险要的地形；敌人离我很远而前来挑战的，是想引诱我军进攻，入其圈套；敌人之所以驻扎在平坦地带，是因为有利于进退自如。许多树木摇曳摆动，这是敌人隐蔽前来；在杂草丛生之处设下许多障碍，这是敌人布下的疑阵；鸟雀惊飞，这是下面有伏兵；野兽骇奔，这是敌人大举突袭。

【原文】

尘高而锐者，车来也；卑而广者，徒来也；散而条达者，樵采也；少而往来者，营军也。

【注释】

尘高而锐者，车来也：尘土高扬笔直上升，这是敌人兵车驰来。锐，锐直、笔直；车，兵车。

卑而广者，徒来也：尘土低而宽广，这是敌人的步兵开来。卑，低下；广，宽广；徒，步兵。

散而条达者，樵采也：尘土散漫而有致，时断时续，这是敌人在砍薪伐柴。条达，指飞扬的尘土分散而有致。

少而往来者，营军也：尘土稀少而此起彼

落，是敌军在察看地形，准备安营扎寨。

【译文】

尘土高扬笔直上升，这是敌人的战车驰来；尘土四下弥漫，这是敌人的步兵开来；尘土四散有致，这是敌人在砍伐柴薪；尘土稀薄而又时起时落，这是敌人正在安营扎寨。

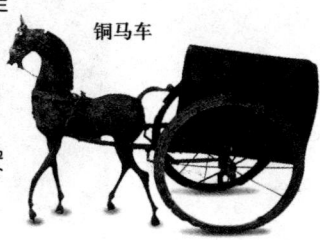

铜马车

【原文】

辞卑而益备者，进也；辞强而进驱者，退也；轻车先出居其侧者，陈也；无约而请和者，谋也。奔走而陈兵车者，期也；半进半退者，诱也。

【注释】

辞卑而益备者，进也：敌人措辞谦卑恭顺，同时又加强战备，这表明敌人准备进犯。

轻车先出居其侧者，陈也：战车先出摆在侧翼，是在布列阵势。轻车，战车。陈，通"阵"，即布阵。

无约而请和者，谋也：敌人还没有陷入困境却主动前来请和，其中必有阴谋。约，困屈、受制之意。

奔走而陈兵车者，期也：敌人急速奔走、摆开兵车阵势的，是期求与我进行作战。

半进半退者，诱也：敌人似进不进，似退不退，是为了诱我入其圈套。

【译文】

敌人的使者措辞谦卑，军队又在加紧战备的，这是敌人准备进犯；敌人的使者措辞强硬而军队又做出前进姿态的，这是准备撤退；敌人战车先出动，部署在侧翼的，这是在布列阵势；敌人没有陷入困境而主动前来讲和的，必定是有阴谋；敌人急速奔跑并摆开兵车列阵的，是期待同我决战；敌人半进半退的，是企图引诱我军。

【原文】

杖而立者，饥也；汲而先饮者，渴也；见利而不进者，劳也；鸟集者，虚也；夜呼者，恐也；军扰者，将不重也；旌旗动者，乱也；吏怒者，倦也；粟马肉食，军无悬缻，不返其舍者，穷寇也。

【注释】

汲：汲水，打水。

见利而不进者，劳也：眼见有利可图而军队不前进，说明敌军已极度疲劳。

旌旗动者，乱也：敌军旗帜不停地摇动，表明敌人已经混乱了。

吏怒者，倦也：敌军官烦躁易怒，表明士卒已疲倦，不听指挥了。

粟马：意为拿粮食喂马。粟，粮谷，这里作动词用。

【译文】

敌兵倚着兵器站立，这是饥饿的表现；敌兵打水的人自己先喝，这是干渴缺水的表现；敌人明见有利而不进兵争夺，这是极度疲劳的表现；敌军营寨上方飞鸟集结，表明是一座空营；敌人夜间惊慌叫喊，这是其恐惧的表现；敌营惊扰纷乱，这表明敌将没有威严；敌阵旗帜摇动不整齐，这说明敌人队伍已经混乱；敌人军官易怒烦躁，表明全军已经疲倦；用粮食喂马，杀牲口吃肉，收拾起炊具，不返回营寨，这是打算拼死突围的穷寇。

【原文】

谆谆翕翕，徐与人言者，失众也；数赏者，窘也；数罚者，困也；先暴而后畏其众者，不精之至也；来委谢者，欲休息也。兵怒而相迎，久而不合，又不相去，必谨察之。

【注释】

数赏者，窘也：敌军一再犒赏士卒，说明其处境窘迫。数，多次、反复。窘，窘迫、困窘。

数罚者，困也：敌军一再

手持兵器的军官

处罚士卒，表明其已经陷入困境。

先暴而后畏其众者：指将帅开始对士卒粗暴，继而又惧怕士卒者。

【译文】

敌将低声下气地同部下讲话，这表明敌将已失去人心；接连不断地犒赏士卒，这表明敌人已无计可施；反反复复地处罚部属，这表明敌军处境困难；敌方将领先对部下凶暴，后又害怕部下的，是最不精明的将领；敌人派遣使者前来送礼言好，这是敌人希冀休兵息战。敌人逞怒同我对阵，可是久不交锋而又不撤退，这就必须审慎地观察他的意图。

古代蒙古马

【原文】

兵非益多也，惟无武进，足以并力、料敌、取人而已；夫惟无虑而易敌者，必擒于人。

【注释】

惟无武进：只是不要恃武冒进。惟，独，只是；武进，恃勇轻进。

足以并力、料敌、取人而已：指能做到集中兵力、正确判断敌情、争取人心则足矣。并力，集中兵力；料敌，观察判断敌情；取人，争取人心，善于用人。

【译文】

兵力并不在于越多越好，只要不是轻敌冒进，而能够做到集中兵力、判明敌情、取得部下的信任和支持，也就足够了；那种既无深谋远虑而又自恃轻敌的人，一定会被敌人所俘虏。

【原文】

卒未亲附而罚之则不服，不服则难以使用也；卒已亲附而罚不行，则不可用也。故令之以文，齐之以武，是谓必取。令素行以教其民，则民服；令不素行以教其民，则民不服。令素行者，与众相得也。

【注释】

卒未亲附而罚之则不服：在士卒还未亲近依附之前就施用刑罚，士卒就会怨恨不服。

故令之以文，齐之以武：用政治道义来教育士卒，用军纪军法来整饬规范部队。令，教育；文，指政治道义；齐，整饬，规范；武，指军纪军法。

东汉末年兵俑图

令素行以教其民：平时认真执行法令并用法令教育士兵。民，这里主要指士卒、军队。

令素行者，与众相得也：军纪军令平素能够顺利执行的，是因为军队统帅同兵卒之间相处融洽。得，亲和；相得，指关系融洽。

【译文】

士卒还没有亲近依附就施行惩罚，那么他们就会不服，不服就难以使用；士卒已经亲附，而军纪军法仍得不到执行，那就无法用他们去作战。所以，要用政治道义来教育士兵，用军纪军法来整饬、规范他们，这样就必定会取得部下的敬畏和拥戴，士兵就会养成服从的习惯。

平素军纪军令能够得到贯彻执行，这表明将帅同士卒之间相处融洽。

汉代袍服步兵俑

智慧解读

《孙子兵法》中的"行军"，指的是从事军事活动、用兵打仗的意思。涉及范围包括作战、驻寨安营、观察地形、判断敌情、团结、管理内部等诸多内容，几乎包容了军事活动的大部分内容。

【兵法范例】
田穰苴威服三军

齐景公时期，晋国和燕国肆无忌惮地侵犯齐国边境，并且逐渐向齐国内地推进。在这种情况下，齐景公任命战功卓著的田穰苴担任大司马，掌握全军的军权，抵抗晋国和燕国的进攻，并派最受自己宠信的大夫庄贾做他的监军。田穰苴与庄贾申明了军法，并且约定："明天正午，我们在军门相会。"到了第二天，田穰苴早早地来到军营，等候庄贾来升帐点兵。可是，时间一点点地过去，就是不见庄贾的人影。一直到日薄西山的时候，庄贾才醉醺醺来到军营。原来，庄贾依仗齐景公的宠爱，一向骄横跋扈，因此不把田穰苴放在眼里。

田穰苴问庄贾："为什么来晚了？"庄贾漫不经心地说："亲友为我送行，多喝了几杯。"田穰苴道："作为一个将军，从接受国君命令的那个时刻起，他就要把家中的事忘掉。你却拿军令当儿戏。"于是召来执法的军官问："无故延误了时间按军法该怎么办？"执法军官答："该斩！"庄贾顿时吓得面无人色，派家人飞马去向齐景公求救，但齐景公的赦令未到，庄贾早已人头落地。处理完毕，田穰苴派人向齐景公报告了这件事，自己则率领三军向前线进发。

行军途中，田穰苴非常关心士兵们的住宿、饮食。他还拿出自己的资财和士兵们共同享用。晋军和燕军听到了田穰苴的一系列做法后，知道遇上了劲敌，晋军撤兵回国，燕军也退过黄河。田穰苴乘机全部收复了齐国的失地。

田穰苴命人将庄贾斩首示众。

第十篇 地形篇

本篇集中论述了利用地形的意义，以及军队在不同地形条件下作战的基本原则。孙子把野战地形进行了详细分类，并就不同的地形条件，提出了具体实用的用兵方法，论述了为将的责任和养兵原则等问题。

【原文】

孙子曰：地形有通者，有挂者，有支者，有隘者，有险者，有远者。我可以往，彼可以来，曰通。通形者，先居高阳，利粮道，以战则利。

【注释】

利粮道：指保持粮道的畅通无阻。利，此处用做动词。

【译文】

孙子说：地形有通形、挂形、支形、隘形、险形、远形六种。凡是我们可以去，敌人也可以来的地域，叫做通形。在通形地域上，要先抢占居高向阳的地方，保持粮道畅通，这样对敌作战就有利。

【原文】

可以往，难以返，曰挂。挂形者，敌无备，出而胜之；敌若有备，出而不胜，难以返，不利。我出而不利，彼出而不利，曰支。支形者，敌虽利我，我无出也；引而去之，令敌半出而击之，利。

【注释】

挂形者：指前平后险，易入难出的地段。

支形者：指敌对双方均可据险对峙、不便攻击的地区。谁先攻击，对谁不利。

【译文】

凡是可以前往，却难以返回的地域，叫做挂形。在挂形地域上，如果敌人没有防备，就可以突然出击

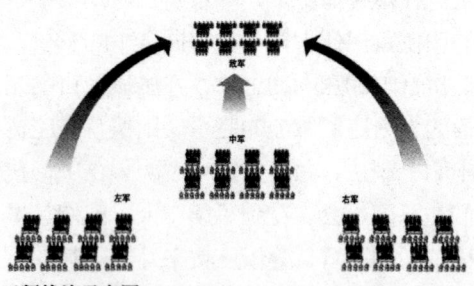

三师战法示意图

三师战法在西周和春秋时非常流行，就是将军队分为左、中、右三队阵列，对敌军形成合围之势。

战胜它；如果敌人已有防备，出击就不能取胜，而且难以返回，这就不利于作战。我军主动出击不利，敌人主动出击也不利的地域，叫做支形。在支形地域上，敌人虽然以利诱我，也不要出击，而应该率军假装退却，诱使敌人出来一半时再回兵攻击，这样就有利。

【原文】

隘形者，我先居之，必盈之以待敌；若敌先居之，盈而勿从，不盈而从之。险形者，我先居之，必居高阳以待敌。若敌先居之，引而去之，勿从也。远形者，势均，难以挑战，战而不利。凡此六者，地之道也；将之至任，不可不察也。

【注释】

隘形者：指两山峡谷之间的险要地带。

险形者：指行动不便的地方。险，险要。

远形者：指路途迂回曲折，敌我双方相距甚远的地区。

【译文】

在隘形地域上，我军应先敌军占领，并用

重兵封锁隘口，以等待敌人的到来。如果敌人用重兵抢先占领隘口，这时就不要去打；假如敌人还未用重兵抢占隘口，我军就应该全力进攻，去争夺险阻之列。在险形地域上，如果我军先敌占领，就必须控制居高向阳的地点，等待敌人；如果敌军先我占领，就应引兵撤退，不要去攻打它。在远形地域上，敌我双方地理条件均等，不宜挑战，若勉强求战，就不利。以上六条，是利用地形的原则；也是将帅的重大责任之所在，不可不认真考察研究。

彩漆木雕箭符

【原文】

故兵有走者，有弛者，有陷者，有崩者，有乱者，有北者，凡此六者，非天之灾，将之过也。夫势均，以一击十，曰走。卒强吏弱，曰弛。吏强卒弱，曰陷。

【注释】

有弛者：此处指将吏软弱无能，队伍人心涣散，难以制约。

有陷者：士卒毫无斗志，只靠为将者孤身对敌，以致全军陷没的军队。

有崩者：一种官兵关系混乱、紧张，列队布阵杂乱无章的军队。

有北者：一种一遇战斗便必打败仗的军队。

【译文】

军事上有"走""弛""陷""崩""乱""北"等六种必败的情况。这六种情况，都不是由天然的灾害造成的，而是由将帅的过错造成的。凡是双方势均力敌而一方以一击十的，叫做"走"。士兵强悍而军官懦弱的，叫做"弛"。军官强悍而士兵懦弱的，叫做"陷"。

【原文】

大吏怒而不服，遇敌怼而自战，将不知其能，曰崩。将弱不严，教道不明，吏卒无常，陈兵纵横，曰乱。将不能料敌，以少合众，以弱击强，兵无选锋，曰北。凡此六者，败之道也：将之至任，不可不察也。

【注释】

大吏怒而不服：偏将愤怒，不肯服从主将的命令。大吏，偏将。

遇敌怼而自战：愤怒的"大吏"，遇敌心怀怨愤，擅自出阵作战。怼，怨也。

教道不明：指治军没有法度，军队管理不善。

吏卒无常：指军中上下关系失常。

【译文】

偏将怨怒而不服从指挥，遇到敌人擅自率军出战，将帅又不了解他们的能力的，叫做"崩"。将帅懦弱毫无威严，治军没有法度，官兵关系混乱失序，布阵杂乱无章的，叫做"乱"。将帅不能正确判断敌情，以少击众，以弱击强，作战又没有精选勇敢善战的士兵组成精锐部队的，叫做"北"。以上六种情况，都是造成军队失败的原因；也是将帅的重大责任之所在，不可不认真考察研究。

【原文】

夫地形者，兵之助也。料敌制胜，计险厄远近，上将之道也。知此而用战者必胜，不知此而用战者必败。

【注释】

地形者，兵之助也：指地形的审用，是用兵作战的重要辅助条件。

计险厄远近：指考察地形的险厄，计算道路的远近。

【译文】

地形的审用，是用兵作战的重要辅助条件。判断敌情，掌握主动，考察地形的险易，计算道路的远近，这些都是高明的将帅所必须掌握

指南车模型
指南车发明于三国时期，行军作战时可指示方位。

的方法。懂得这些道理去指挥作战的，必然会胜利；不懂得这些道理去指挥作战的，必然要失败。

【原文】

故战道必胜，主曰无战，必战可也；战道不胜，主曰必战，无战可也。故进不求名，退不避罪。惟人是保，而利于主，国之宝也。

【注释】

战道：指战争的一般指导规律，也可以理解为战场具体实情。

惟人是保：谓对个人进退处置在所不计，只求保全民众。人，民众、百姓；保，保全。

【译文】

所以，按照战争规律已有必胜把握的，即使国君命令不打，坚持去打也是可以的；按照战争的规律分析没有必胜把握的，即便是国君命令要打，不打也是可以的。所以，进不企求战胜的名声，退不回避失败的罪责，只求保全民众，同时符合国君的根本利益，这样的将帅，才是国家的宝贵财富。

南宋民众形象
这是一个靠卖杂货艰难维生的货郎。

【原文】

视卒如婴儿，故可与之赴深谿；视卒如爱子，故可与之俱死。爱而不能令，厚而不能使，乱而不能治，譬若骄子，不可用也。

【注释】

爱而不能令，厚而不能使：指只知溺爱而不能命令，只知厚待而不能使用。

【译文】

将帅对待士卒如同对待婴儿，士卒就可以跟他共赴患难；对待士卒如同对待爱子，士卒就可以与他同生共死。对士卒溺爱而不能命令，厚待而不能使用，违法而不予惩治，那么士卒就好像娇惯的子女一样，这种士卒是不能用来作战的。

【原文】

知吾卒之可以击，而不知敌之不可击，胜之半也；知敌之可击，而不知吾卒之不可以击，胜之半也；知敌之可击，知吾卒之可以击，而不知地形之不可以战，胜之半也。

【注释】

胜之半也：胜利或失败的可能性各占一半，即没有必胜的把握。

【译文】

只了解自己的部队可以进攻，而不了解敌人不可进攻，取胜的可能性只有一半；了解敌人可以进攻，而不了解自己的部队不可以进攻，取胜的可能性也只有一半；了解敌人可以进攻，也了解自己的部队可以进攻，而不了解地形条件不利于作战，取胜的可能性同样也只有一半。

"拱圣下千都虞侯朱记"铜印

【原文】

故知兵者，动而不迷，举而不穷，故曰：知彼知己，胜乃不殆；知天知地，胜乃可全。

【注释】

动而不迷：行动起来从不迷惑，不盲动。

举而不穷：指所采取的作战措施因地制宜，变化无穷。

【译文】

所以懂得用兵的将帅，行动起来绝不会有所迷惑，战术变化也不会有穷尽。所以说，既了解对方，又了解自己，争取胜利不会有危险；既懂得天时，又懂得地利，可获全胜。

智慧解读

地形对战争的胜败发挥着极其重要的作用，孙子对地形的利弊和正确利用地形的重要性，十分重视。但是，孙子并不认为地形是决定战争胜负的唯一因素，而是主张充分利用地形的利弊，努力造成有利于我军的地形。

【兵法范例】

崤山之战

周襄王二十四年（公元前628年），秦穆公想袭击郑国，争霸中原。秦主政大夫蹇叔认为秦军孤师远征，且必须穿越晋境，容易遭晋军伏击，因此强烈反对出兵。秦穆公却一意孤行，派遣秦将孟明视、蹇叔的两个儿子西乞术和白乙丙出征。

出发前，蹇叔哭着告诫儿子："这次远征，晋国人一定在崤山（今河南省陕县东）截杀你们。你们定会死在那里啊。"孟明视、西乞术和白乙丙率兵自雍都（陕西省兴平市）出兵，途经晋国南部的崤山隘道，于次年二月抵达滑国（今河南省偃师市西南）境内。这时，郑国商人弦高贩牛途经滑国，遇上行进中的秦师。弦高判定秦军将要袭击郑国，便假装奉郑国君主之命，犒劳秦军。孟明视等人认为郑国早已有防备，遂决定放弃攻郑，灭掉滑国后便撤兵。

晋国见秦军远袭郑国无功而返，便在崤山设下埋伏，等待秦军的到来。当疲惫不堪的秦军到达崤山时，西乞术想起了父亲的话，建议孟明视把队伍收拢一些。孟明视叹道："我何尝不想呢？只是道路太窄，做不到啊！"孟明视率领部队小心地进入山谷。突然，金鼓齐鸣，晋军以排山倒海之势冲杀过来。孟明视、白乙丙、西乞术都成了晋军的俘虏。

在崤山之战中，晋军利用地形险要的崤山设伏，使行军疲惫的秦军无以应对，从而取得了战争的胜利。由此可见，地形在军事中占有举足轻重的地位。

秦军经过崤山时，战线拉得过长。

第十一篇 九地篇

九地，指各种复杂的战地。"九"，泛指多。上篇之"地"，纯指自然地理概念，此篇之"地"，则加上了环境氛围因素。前者从地形的广狭、险易和距离远近对排兵布阵的影响的角度论述。后者从深入敌国作战时在本国、敌国的不同地区，因官兵的心理状态不同，在军事、政治、经济、外交上应采取不同的作战原则和处置方法的角度论述。

【原文】

孙子曰：用兵之法，有散地，有轻地，有争地，有交地，有衢地，有重地，有圮地，有围地，有死地。诸侯自战其地者，为散地。入人之地而不深者，为轻地。我得则利，彼得亦利者，为争地。

【注释】

争地：谁先占领，谁就占据优势的必争要地。

【译文】

孙子说：根据用兵原则，战地可分为散地、轻地、争地、交地、衢地、重地、圮地、围地、死地这九类。诸侯在自己的领地上与敌作战，这样的地区叫做"散地"；进入敌境不深的地区，叫做"轻地"；我先占领对我有利，敌先占领对敌也有利的地区，叫做"争地"。

【原文】

我可以往，彼可以来者，为交地。诸侯之地三属，先至而得天下之众者，为衢地。入人之地深，背城邑多者，为重地。

【注释】

交地：地势平坦，道路交错，交通方便的地区。

三属：指敌我国和其他诸侯国连接的地区。属，连接。

重地：指入敌境已深，越过很多敌国城邑的地区。

【译文】

我军可以去，敌军可以来的地区，叫做"交地"；敌我双方和其他诸侯国接壤的地区，先到就可以结交诸侯国并取得多数支援的，叫做"衢地"；深入敌境，越过敌人许多城邑的地区，叫做"重地"。

【原文】

山林、险阻、沮泽，凡难行之道者，为圮地。所由入者隘，所从归者迂，彼寡可以击吾之众者，为围地。疾战则存，不疾战则亡者，为死地。

【注释】

死地：指一种背山阻水、粮草断绝、进退不得，或者是被敌军重重围困、难以冲出的地域。

【译文】

山林、险阻、沼泽等道路难行的地区，叫做"圮地"；进入的道路狭隘，退出的道路迂远，敌人以少数兵力能击败我众多兵力的地区，叫做"围地"；迅速奋战则能生存，不迅速奋战就会被消灭的地区，叫做"死地"。

【原文】

是故散地则无战，轻地则无止，争地则无攻，交地则无绝，衢地则合交，重地则掠，圮地则行，围地则谋，死地则战。

【注释】

争地则无攻：双方必争的要害地区，应先敌占领，若敌人已先占领，则不宜强攻。

合交：指结交邻国。

木牛车
木牛车相传为诸葛亮所发明，用来转运军用物资。

重地则掠：指深入敌方腹地，后方接济困难，必须"因粮于敌"，就地解决军队的补给问题。

死地则战：处于"疾战则存，不疾战则亡"的"死地"，就应激励士卒殊死战斗，死中求生。

【译文】

因此，在"散地"不宜作战；在"轻地"不可停留；遇"争地"应先敌占领，如敌人已先占领，不可强攻；在"交地"则军队各部应互相联系，防敌阻绝；在"衢地"则应结交邻国；在"重地"则应夺取物资，就地补给；在"圮地"则应迅速通过；在"围地"则应巧设奇谋；在"死地"要迅猛奋战，死中求生。

【原文】

所谓古之善用兵者，能使敌人前后不相及，众寡不相恃，贵贱不相救，上下不相扶，卒离而不集，兵合而不齐。合于利而动，不合于利而止。

【注释】

众寡不相恃：非主力部队与主力部队之间不能互相依靠和协同。恃，依恃，协同。

贵贱：身份高贵者与低贱者。

上下不相扶：上级与下级不能互相扶助。

【译文】

所谓古时善于用兵的人，能使敌人前后无法相顾及，非主力部队与主力部队不能互相依靠和协同，官兵无法相救援，上级与下级不相扶助，士兵分散了就无法集中，兵力集中了也不能整齐。合于利则行动，不合于利则停止。

【原文】

敢问："敌众整而将来，待之若何？"曰："先夺其所爱，则听矣。"兵之情主速，乘人之不及。由不虞之道，攻其所不戒也。

【注释】

先夺其所爱，则听矣：先夺其要害就能使其就范。爱，指敌人最要害、最重要的地方。

兵之情主速："兵贵神速"的意思。

【译文】

试问："如果敌军众多而且阵势齐整地向我进攻，该如何对待呢？"回答是："先夺其要害，就能使其就范。"用兵之理，贵在神速，乘敌人措手不及的时机，走敌人意料不到的道路，攻击敌人不加戒备的地方。

【原文】

凡为客之道，深入则专，主人不克；掠于饶野，三军足食；谨养而勿劳，并气积力；运兵计谋，为不可测。

【注释】

为客之道：指进入敌境作战的原则。客，客军，即离开本国进入别国作战的军队。

深入则专：专心一意，指深入敌国"重地"，士卒无法逃散，只好死战。

主人不克：指被进攻的一方无法战胜进攻者。主人，指被进攻的一方。克，战胜。

掠于饶野：要掠取敌国富饶原野上生长的庄稼。

【译文】

大凡进入敌国作战的原则：深入敌境则军心专一，敌军无法胜我；在富饶地区夺取粮秣，保障三军得到充足的给养；注意休养士卒，勿使疲劳，提高士气，积蓄力量；合理用兵，巧设计谋，使敌人无法察知。

汉代玄甲步兵俑

【原文】

投之无所往，死且不北，死焉不得，士人尽力。兵士甚陷则不惧。无所往则固，深入则拘。不得已则斗。
【注释】
　　投之无所往：把部队投置于无路可走的绝境。投，投放，投置。
　　死且不北，死焉不得：宁可战死也不会逃跑，战死岂不是求之不得？

隋唐抱武器石刻武士俑

【译文】
　　把部队投置于无路可走的绝境，宁可战死也不会逃跑，战死岂不是求之不得？就会尽力作战了。士卒深陷危地，就无所畏惧；无路可走，军心反而稳定；深入敌国就不易涣散；迫不得已就会拼死战斗。

【原文】
　　是故其兵不修而戒，不求而得，不约而亲，不令而信。禁祥去疑，至死无所之。吾士无余财，非恶货也；无余命，非恶寿也。
【注释】
　　不修而戒：指不待整治督促，就知道加强戒备。修，整治。
　　禁祥去疑：禁止迷信活动，消除疑虑和谣言。祥，妖祥，这里指卜等迷信活动。
　　无余命，非恶寿：指士卒不怕死，并不是不想活下去。恶，厌恶；寿，寿命。
【译文】
　　因此，这样的军队不待整治就能加强戒备，不待要求就能完成任务，不待约束就能亲近相助，不待命令就能遵守。禁止迷信，消除谣言，即使战死也不退避。我军士卒毁弃多余的财物，并不是厌恶财物；不怕牺牲生命，并不是他们厌恶生命。

耙地图
元嘉之治时，人民安居乐业。这幅图反映了当时人民劳作的情景。

【原文】
　　令发之日，士卒坐者涕沾襟，偃卧者涕交颐。投之无所往者，诸、刿之勇也。
【注释】
　　诸、刿：诸，专诸，春秋时吴国的勇士。公元前515年，吴公子光（即阖闾）要杀吴王僚而自立，设宴招待僚，专诸用藏于鱼腹的剑刺死僚，自己也当场被杀。刿，曹刿，又名曹沫，春秋时鲁国武士。相传鲁君与齐君在柯（今山东东阿）相会，曹刿持剑相从，挟持齐君订立盟约，收回失地。
【译文】
　　当作战命令颁发的时候，坐着的士卒们泪水沾湿了衣襟，躺着的士卒则泪流面颊、下巴。把军队置于无路可走的绝境，就会像专诸、曹刿那样勇敢了。

五代铜钱

【原文】
　　故善用兵者，譬如率然，率然者，常山之蛇也。击其首则尾至，击其尾则首至，击其中则首尾俱至。敢问："兵可使如率然乎？"曰："可。"
【注释】
　　率然：古代传说中的一种蛇。
　　常山：即恒山。
【译文】
　　所以，善于用兵打仗的人，就像"率然"一样。所谓"率然"，乃是常山的一种蛇。打它的头，尾巴就来救应，打它的尾巴，头就来救应，打它的中部，头尾都来救应。试问："军队可以像率然一样吗？"回答是："可以。"

【原文】
　　夫吴人与越人相恶也，当其同舟而济，遇风，其相救也如左右手。是故方马埋轮，未足恃也；齐勇若一，政之道也；刚柔皆得，地之理也。故善用兵者，携手若使一人，不得已也。

【注释】

方马埋轮，未足恃也：把马并排地系在一起，把车轮埋起来，想以此来稳定军队，是靠不住的。方，并死，指系在一起的意思。

齐勇若一，政之道也：使士兵勇怯齐一，犹如一人，才是用兵之道。政，正，这里是指治理、统率的意思。

刚柔皆得，地之理也：兼顾强弱，才是善于掌握作战环境的规律。刚柔，强弱；地，作战环境。

携手若使一人：提挈三军，就像使用一人那样容易。携手，提挈。

【译文】

吴国人与越国人虽然互相仇视，可是，当他们同船渡河时，如遇大风，也能互相救援，犹如左右手一样。因此，想用系住马匹、埋起车轮的办法来稳定军队，那是靠不住的。使士兵勇怯齐一，犹如一人，才是用兵之道。兼顾强弱，才是善于掌握作战环境的规律。所以，善于用兵的人，提挈三军就像使用一人那样容易，这是由于把士卒置于不得已的境地而造成的。

【原文】

将军之事，静以幽，正以治。能愚士卒之耳目，使之无知。易其事，革其谋，使人无识。易其居，迂其途，使人不得虑。帅与之期，如登高而去其梯。

【注释】

静以幽：沉着冷静而幽深莫测。

正以治：严正而不乱。正，严正；治，不乱。

易其事，革其谋：改变正在做的事情，变更既定的计谋。易，改变；革，变更。

帅与之期：将帅赋予军队任务。

【译文】

统率军队这种事情，要沉着而莫测，严正而不乱，能蒙蔽士卒耳目，使他们对军事计划毫无所知；改变任务，变更计谋，使人们不能识破；驻军常改变驻地，绕道行军，使人们无法推断行动意图。将帅赋予军队任务，要像登高而抽去梯子一样，使他们有进无退。

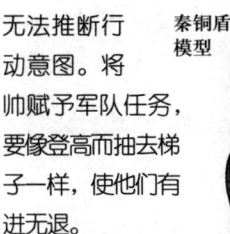

【原文】

帅与之深入诸侯之地，而发其机，焚舟破釜，若驱群羊，驱而往，驱而来，莫知所之。聚三军之众，投之于险，此谓将军之事也。九地之变，屈伸之利，人情之理，不可不察也。

【注释】

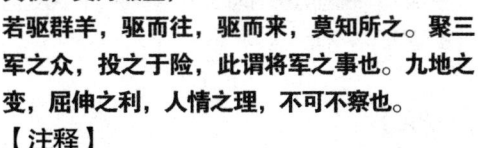

发其机：击发弩机，矢箭飞出，一往直前。机，弩机。

焚舟破釜：破釜沉舟，决一死战的意思。釜，锅。

屈伸之利：指后退与前进、收缩与发展之利。伸，伸展；屈，曲、不伸展。

【译文】

率领军队深入诸侯国土，要像击发弩机射出的箭一样，使其一往直前，烧掉船只，砸烂军锅，表示必死决心。像驱赶羊群一样，赶过去，赶过来，使他们不知道到底要到哪里去。聚集全军士卒，投置于危险的境地，使他们拼死备战，这便是将军的责任。散地、轻地、争地……等九地之变，后退与前进、收缩与发展之利，这些都是不能不认真考察和仔细研究的。

【原文】

凡为客之道，深则专，浅则散。去国越境而师者，绝地也；四达者，衢地也；入深者，重地也；入浅者，轻地也；背固前隘者，围地也；无所往者，死地也。

【注释】

去国越境而师者，绝地也：离开本国，跨越邻国，进入敌国作战的军队。去国，离开本国；师，军队。

背固前隘：指背后地势险要，前面道路狭隘，进退受敌控制的地区。

【译文】

大凡出国作战的原则，进入敌境越深，士卒就越专心一致，进入得浅，士卒就容易逃散。离开本国，越过邻国进入敌国作战的地区，叫做"绝地"；四通八达的地区叫"衢地"；进入敌境深的地区叫"重地"；进入敌境浅的地区叫"轻地"；后险前狭的地区叫"围地"；无处可走的地区叫"死地"。

【原文】

是故散地，吾将一其志；轻地，吾将使之属；争地，吾将趋其后；交地，吾将谨其守；衢地，吾将固其结；重地，吾将继其食；圮地，吾将进其涂；围地，吾将塞其阙；死地，吾将示之以不活。故兵不情，围则御，不得已则斗，过则从。

【注释】

使之属：使部队行军连续不断。属，连接。

趋其后：指迅速赶到争地的后面。

固其结：巩固与诸侯国的结盟。结，指结交诸侯。

进其涂：迅速通过的意思。

塞其阙：堵塞缺口，其士卒不得不拼死作战。阙，缺口。

过则从：指士卒陷入危险的境地，就会听从指挥。过，指深陷危险的意思。

【译文】

因此，在"散地"，我军就要统一意志；在"轻地"，我军就要使部队行军连续不断；遇"争地"，我军就要迅速前进，赶到它的后面；在"交地"，我军就要谨慎防守；在"衢地"，我军就要巩固与诸侯国的结盟；在"重地"，我军就要保证军队粮食的不断供应；

在"圮地"，我军就要迅速通过；在"围地"，我军就要堵塞缺口；在"死地"，我军就要表示必死的决心。因此，士卒的心理状态，被包围就会协力抵御，迫不得已就会拼死战斗，陷于危险的境地，就会听从指挥。

两名步兵正在勘查敌情。

【原文】

是故不知诸侯之谋者，不能预交；不知山林、险阻、沮泽之形者，不能行军；不用乡导者，不能得地利。四五者，不知一，非霸王之兵也。夫霸王之兵，伐大国，则其众不得聚；威加于敌，则其交不得合。

【注释】

预交：与诸侯结交。预，通"与"。

四五者：泛指上述各事。

其众不得聚：指能使敌国军民来不及调动和集结。

【译文】

所以，不了解列国诸侯计谋的，不能与它们结交；不熟悉山林、险阻、沼泽等地形的，不能行军；不使用向导的，不能得地利。对于上述各事，有一样不了解，就不能算是"霸王"的军队。"霸王"的军队，攻伐大国，可使其军民来不及集聚；威力加于敌国，可使其无法与别国结交。

【原文】

是故不争天下之交，不养天下之权，信己之私，威加于敌，故其城可拔，其国可隳。施无法之赏，悬无政之令，犯三军之众，若使一人。犯之以事，勿告以言；犯之以害，勿告以利。投之亡地然后存，陷之死地然后生。夫众陷于害，然后能为胜败。

【注释】

信己之私：依靠自己的力量。信，信从，凭依；私，指自己的力量。

隳：通"毁"，毁灭的意思。

施无法之赏：施行超常的奖赏，即所谓法外之赏。

悬无政之令：颁发破例的号令，即所谓政外之令。悬，悬挂，这里指颁发。

【译文】

因此，不必争着和别的诸侯国结交，也不必在别的诸侯国培植自己的权势，只要依靠自己的力量，把威力加之于敌，就可以拔取其城邑，毁灭其国家。施行超常的奖赏，颁发破例的号令，指挥全军之众如同使唤一个人一样。只告知士卒执行任务，而不告诉他们意图；只告知他们危险的一面，而不告诉他们有什么有利的地方。把士卒投入亡地才能保存，使士卒陷入"死地"然后才能得生。士卒陷于危险的境地，然后才能力争胜利。

【原文】

故为兵之事，在于顺详敌之意，并敌一向，千里杀将，此谓巧能成事者也。

【注释】

顺详敌之意：假装顺从敌人的意图。详，通"佯"。

【译文】

所以，指挥作战，在于假装顺从敌人意图，一旦有机可乘，便集中兵力指向敌人一点。这样，即使长驱千里，也可擒杀敌将，这就是所谓的巧妙能成大事的意思。

汉代过境关卡账册

【原文】

是故政举之日，夷关折符，无通其使，厉于廊庙之上，以诛其事。敌人开阖，必亟入之，先其所爱，微与之期。践墨随敌，以决战事。是故始如处女，敌人开户，后如脱兔，敌不及拒。

【注释】

夷关折符：即封锁关口，废除原有通行凭证。符，古时用木、竹、铜等做成的牌子，上刻图文，分为两半，各执一半，作为通行凭证。

厉于廊庙之上：在庙堂上反复计议作战大事。厉，磨砺，指反复计议；廊庙，即庙堂。

诛：治，这里引申为研究决定的意思。

践墨：即践履绳墨，指暗中窥探敌人动静，以寻找战机。

以决战事：以解决战争胜负问题，即求得战争的胜利。

【译文】

因此，当决定战争行动的时候，就要封锁关口，废除原有通行凭证，停止与敌国的使节往来，在庙堂上反复计议，研究决定作战大计。一旦发现敌人露出破绽，就要迅速趁机而入。首先要夺取敌人最关紧要的地方，而不要同敌人约好交战日期。暗中窥探敌人的动静，寻找战机，以求战争的胜利。所以，开始要像处女一样沉静，使敌人放松戒备，然后像脱兔一样迅速行动，使敌人来不及抗拒。

青玉龙凤纹杯

智慧解读

《九地篇》是《地形篇》的姊妹篇，论述了在九种不同地形下作战的原则。虽取名"九地"，但篇内所讲，并不仅限于专论九种地形。虽然本篇和上篇一样，又是讲地形之利，但角度不同，即着重从人的情感、情绪和心理探讨如何利用各种地形，以充分调动将士们的战斗积极性，防止和克服可能出现的各种消极心理。

【兵法范例】
破釜沉舟

秦二世二年（公元前208年），秦军攻打赵国都城巨鹿（今河北省平乡县西南），赵军兵败被围。赵王派人向楚国求救，楚将项羽率领楚军投入了救赵战斗。

渡过黄河后，项羽即下令全军将士：沉掉船只，砸破釜甑，烧毁营舍，每人只带三天干粮，誓与秦军决一死战。楚军上下面临绝境，又见主帅项羽英勇慷慨，人人怀必死之心，奋力前行，直抵巨鹿城下。

项羽破釜沉舟，下决心拼死一战。

秦将王离调遣军队迎战楚军。两军对阵，秦军甲仗齐整，队伍雄壮，兵多将广，其势如泰山压顶；但见楚军衣甲简陋，三五成群，各自为战，全然不成阵式，只知横冲直撞。这正是项羽用兵的精妙之处。项羽清楚：秦楚兵力悬殊，如果按成规兵对兵、将对将地列阵对抗，楚军必败无疑。但项羽从战场情势出发，命将士不拘阵式，各自为战，只求杀敌取胜。楚军破釜沉舟，已无后退之路，唯有奋勇向前才可能有活路。将士们又见主帅冲锋在前，士气大振。秦军战不过几个回合，便败退而去。

项羽也不追击，而是下令宿营休息，饱食干粮，以便再战。第二日出战前，项羽命令将士：今日务必尽扫秦兵。我军粮食已尽，如不胜将全军覆灭。楚军将士得令，个个争先，直向秦军杀去。秦军一退再退，不久便溃不成军。项羽乘胜追击，一直打到巨鹿城下，三日之内便将势力强大的秦军击溃，巨鹿之围一举而解。

巨鹿之战的成功，除了项羽骁勇善战，身先士卒之外，他破釜沉舟、自断退路的魄力也是一个重要原因。这一次战役也是对《孙子兵法·九地篇》攻击理论的一次成功运用，生动地证明了"置死地而后生"的真理性。

【兵法范例】

赫连勃勃死地求生

西晋灭亡以后,中国西部和北部少数民族先后在北方和四川一带建立割据政权,史称十六国时期。夏国和南凉便是其中的两个小政权。

有一年,夏国的首领赫连勃勃率领精骑两万攻入南凉国境,掳获数十万头牛、羊、马和数不胜数的财物,满载而归。南凉国君秃发檀亲率大军追赶。数万兵马以排山倒海之势向赫连勃勃追去。

赫连勃勃有心迎战,又担心寡不敌众;有心退却,又舍不得几十万头牛羊和一车车的财物。他思来想去,认为只有"置之死地而后生"一计可以两全。赫连勃勃察看了附近地形,选择在阳武下峡(今甘肃省靖远县)与南凉决一死战。

时值初冬,峡中河水已经封冻。赫连勃勃命令士兵用所有的车辆将通道堵住,断绝了将士们的退路,迫使全军将士拼死一搏,求得生路。果然,秃发檀率南凉兵追至阳武下峡时,夏军见退路已绝,人人奋力拼杀。赫边勃勃左臂中箭,鲜血直流。他大喝一声,将箭拔出,挥动长剑杀入南凉阵中。夏军见国主如此勇武,军心大振。南凉军队兵败如山倒,秃发檀带着少数亲信侥幸逃生。

孙子曰:"围地则谋,死地则战。"又曰:"投之亡地然后存,陷之死地然后生。"由此可见,战争不仅是智谋的较量,也是力量、意志和决心的较量。当身处九死一生的被动情况时,身为将领可利用全军将士求生的心理,激发全军将士决一死战的勇气,反败为胜。

赫连勃勃断绝了退路,率领将士们奋勇杀敌,把南凉军杀得落荒而逃。

第十二篇 火攻篇

本篇论述了火攻的种类、条件和实施方法,较早地在兵法上记述了古代军事利用天文、气象的可贵资料。孙子指出以火助攻,是提高军队战斗力、夺取作战胜利的重要作战方式。虽然受当时火攻实践水平所限,论述较为简略,但已说明孙子独具慧眼。篇末还有"主不可以怒而兴师,将不可以愠而致战"的精辟论述。

【原文】

孙子曰:凡火攻有五:一曰火人,二曰火积,三曰火辎,四曰火库,五曰火队。行火必有因,烟火必素具,发火有时,起火有日。时者,天之燥也;日者,月在箕、壁、翼、轸也。凡此四宿者,起风之日也。

【注释】

火人:焚烧营栅、人马。

火积:焚烧积聚的粮草。

火库:焚烧敌人的武库。

火队:焚烧敌人的运输设施。队,通"隧",指道路。这里泛指敌交通要道设施。

行火必有因:实施火攻必须具备一定的条件。因,条件。

烟火必素具:发火器材必须平日准备好。

发火有时,起火有日:发动火攻要有一定的天时,具体点火要有恰当的日子。

箕、壁、翼、轸:箕为东方苍龙七宿之一,壁为北方玄武七宿之一,翼、轸为南方朱雀七宿之二。

【译文】

孙子说:火攻有五种:一是焚敌营栅、人马,二是焚敌储备的粮草,三是焚敌辎重,四是焚敌武库,五是焚敌交通要道设施。实施火攻需具备一定条件,点火器材必须平日准备好。发动火攻要依据一定天时,具体点火要有恰当日子。所谓天时,指气候干燥的时期;所谓恰当的日子,就是月亮运行到箕、壁、翼、轸四星所在位置的日

二级火箭——火龙出水

子。大凡月亮运行到这四个星宿的日子,都是风起的日子。

【原文】

凡火攻,必因五火之变而应之。火发于内,则早应之于外。火发而其兵静者,待而勿攻;极其火力,可从而从之,不可从则止。火可发于外,无待于内,以时发之。火发上风,无攻下风。昼风久,夜风止。凡军必知有五火之变,以数守之。

楚高铜炉

【注释】

极其火力:使其火力至极点,即火力旺时。极,做动词。

可从而从之,不可从则止:可以借火势而就攻,不能借火势而攻则停止。从,随火而攻的意思。

以数守之:即按火攻应遵循的自然规律紧紧地把握住火攻的时机。数,规律;守,遵循。

【译文】

凡是火攻,一定根据五种火攻的变化而以兵力去策应。从敌方内部放火,则早派兵在外策应。火已烧起,敌兵仍无动静的,要等待观察,

明代火枪
火枪一度是明朝军队中火器手的武器装备。

不要急于进攻；待到火势最旺时，可以借火势而攻就攻，不能借火势而攻则停止。火也可从外施放，不必等待内应，按"天之燥""月在箕、壁、翼、轸"的时机点火。火从上风点起，不要在下风进攻。白天的风刮得久了，夜晚就会停止。凡是领导作战一定要熟悉五种火攻所引起的情况变化，并根据火攻应遵循的自然规律紧紧地把握住火攻的时机。

红夷炮
红夷炮曾在战争中发挥过巨大的威力。

【原文】

故以火佐攻者明，以水佐攻者强。水可以绝，不可以夺。

【注释】

以火佐攻者明：以火帮助进攻，效果很明显。明，明显。

以水佐攻者强：用水攻的方法辅助进攻，能使攻势大大增强。强，增强。

水可以绝：用水攻的方法可以隔断敌军的联系或粮道。绝，断绝。

【译文】

用火来辅助进攻的，效果就明显；以水来辅助进攻的，攻势就强大。水可以阻隔敌人，但不如火攻那样直接剥夺敌军实力。

宋代武官陶俑

【原文】

夫战胜攻取而不修其功者凶，命曰费留。故曰：明王虑之，良将修之。非利不动，非得不用，非危不战。

【注释】

修其功：建立其功业。修，修治。功，功业。

费留：白费力气，白费战争资财。

良将修之：谓良将应很好地研究这个问题。

【译文】

仅打胜了，城攻取了，但不能因之建立功业、巩固政权，那是危险的，这叫白费力气。因此说，英明的君主应该好好考虑这个问题，贤良的将帅应该认真研究这个问题。不是于国有利就不要采取军事行动，没有必胜的把握就不要用兵，不是处于危险境地就不要交战。

【原文】

主不可以怒而兴师，将不可以愠而致战。合于利而动，不合于利而止。怒可以复喜，愠可以复悦，亡国不可以复存，死者不可以复生。故明君慎之，良将警之，此安国全军之道也。

神火飞鸦
神火飞鸦是用绵纸糊成乌鸦形，内装火药，由四支箭推进。

【注释】

将不可以愠而致战：主将不可以因一时愤懑而轻易出战。愠，愤懑。

明君慎之，良将警之：明智的国君要慎重，贤良的将帅要警惕。

【译文】

君主不可因为一时愤怒而发动战争，将领也不能因为一时恼火而命令作战。合于国家长远利益就行动，不合于国家长远利益就停止。愤怒可以转化为高兴，恼火可以转化为喜悦，但灭亡了的国家却不复存在，死掉的人也不可能再活过来。因而，明智的君主应慎重地对待这个问题，优秀的将帅应该警惕这个问题，这是安定国家、保全军队的根本原则啊！

智慧解读

火攻是古代作战的重要方法之一。在冷兵器时代，武器尚不具备远距离和大面积杀伤对手的情况下，火攻作为一种特殊有效的进攻手段，作用更加明显。孙子于此专辟一篇，较详细地论述了如何实施火攻的有关问题，反映出他在研究具体作战方式、作战手段上是相当缜密的，并使《孙子兵法》十三篇的体系圆满完整。

【兵法范例】
火烧藤甲兵

蜀汉建兴三年（公元225年），南蛮王孟获起兵十万侵犯蜀国边境，蜀国丞相诸葛亮亲自率兵征讨。双方交战数次，孟获屡战屡败，只好向乌戈国国王兀突骨求救。

兀突骨手下有一支藤甲军。军士们所穿的藤甲渡江不沉，淋雨不湿，刀箭都不能穿透。兀突骨收到孟获的求救信后，便率领藤甲军攻打蜀军大营。蜀国大将魏延命人用弩箭射敌军，箭射到藤甲上就掉了下来；用刀砍、枪刺，却透不进去。魏延与藤甲军一共交战十五天，连败十五次。

到了第十六天，魏延与藤甲军作战时间不长就败走了。兀突骨国王率军追击，一路追至山谷之中，却不见蜀军的踪影。一个蛮兵报告说："这里是蜀军的粮道，谷中发现几十辆黑柜车。"这时，忽然听到惊天动地的声音，从山上滚下许多滚木、石头，将山谷的出口堵死。兀突骨急忙下令后撤，发现后面的谷口也堵死了。此时，黑柜车发出山崩地裂般的爆炸声：原来黑柜车中装的全是火药。乌戈国藤甲军身上的藤甲，沾火就着。结果，三万藤甲军士兵，连他们的兀突骨国王，全部被烧死在山谷中。

孟获得知乌戈国大军把诸葛亮围在山谷中后，连忙带领一支军队前往山谷接应。来到山谷前，只见谷中火光冲天，臭气难闻。孟获知道中计，刚要逃走，突见诸葛亮率军冲杀过来，被生擒活捉。

孟获刚要逃跑，诸葛亮已率领大军杀了过来。

【兵法范例】
朱元璋妙计破火攻

元朝末年,红巾军领袖朱元璋做出了先陈后张,统一江南,然后北上抗元的主张。所谓陈,就是陈友谅,张指的是张士诚。他们分别是江南两大割据势力。正当朱元璋准备攻打陈友谅时,陈友谅却与张士诚联合起来,向朱元璋占据的建康(今江苏省南京市)进攻。

消息传到建康,朱元璋陷入了沉思:灭陈友谅宜速战速决,必须诱其深入,然后围歼之。如果打消耗战的话,红巾军会受到陈友谅和张士诚的两面夹击,非常危险。思来想去,朱元璋找到元朝降将康茂才,问他是否有把握诱陈友谅来攻。康茂才过去与陈友谅交情很好,说:"陈友谅缺乏战略眼光,急功近利,可以诱其前来。"于是他修书一封,说自己在朱元璋手下干得很不痛快,出力不少,不得重用。并说自己负责防守建康西边的大桥,是水路攻建康的必经之路,如果将军到来,愿献桥投降。

陈友谅得到信后,半信半疑,对送信人严加盘问。当他问出康茂才守的是一座木桥时,当即回信给康茂才,同意与康茂才里应外合,并定下了联络的信号。送信人回来以后,告诉朱元璋陈友谅曾问康茂才守的是什么桥。朱元璋一听就知道陈友谅想采取火攻,忙传令拆去木桥,连夜改为铁索石板桥。

当夜,陈友谅预先准备好了几船硫磺柴草,以防康茂才诈降,好烧掉木桥,顺势沿水东下攻下建康。陈友谅喊了半天暗号,却无人答应,便令点火强攻。哪知木桥已变成铁石之桥,根本就烧不断。陈友谅知道中计,刚想掉转船头逃跑,朱元璋的水军已顺水冲来,陈友谅的大军走投无路,最后全军覆没。朱元璋见微知著,揣摩到陈友谅的心思,巧破火攻,最终赢得了战争的胜利。

陈友谅正在为烧不断铁索桥着急的时候,朱元璋的水军已顺水冲来。

第十三篇 用间篇

"用间"指使用间谍。本文旨在论述使用间谍"以知敌之情实也"的重要作用和如何使用间谍的问题,是论述军事情报工作的意义、方针、原则、方法和任务的专篇。孙子主张战争指导者必须做到"知己知彼"。而要"知彼",最重要的手段之一,就是用间。

【原文】

孙子曰:凡兴师十万,出兵千里,百姓之费,公家之奉,日费千金;内外骚动,怠于道路,不得操事者,七十万家;相守数年,以争一日之胜。

【注释】

七十万家:指出兵打仗要有大量的民众承受繁重的徭役、赋税,不能正常地从事劳动。

【译文】

孙子说:如果出动一支十万人的军队,千里迢迢出征国外,百姓的花费,国家的供应,每天要消耗千金之巨,国境内外一片骚动,沿途疲于转输、不事耕种、不能操持生计的人将有七十万家之多。相持数年之久,只是为了夺取最后一天的胜利。

北宋时的男女民众陶俑

【原文】

而爱爵禄百金,不知敌之情者,不仁之至也,非人之将也,非主之佐也,非胜之主也。故明君贤将,所以动而胜人,成功出于众者,先知也。先知者,不可取于鬼神,不可象于事,不可验于度,必取于人,知敌之情者也。

【注释】

非人之将也:不懂得用人的将领。人,用人。

度:这里指日月星辰运行的度数,即日月星辰运行的位置。

【译文】

只是由于吝惜爵禄钱财,不能掌握敌情,

龟甲和石子

这种人真是毫无仁爱之心,不配当人民的统帅,不配当君主的助手,不配当胜利的主宰。所以贤明的君主和优秀的将领,他们之所以能够动辄战胜敌人,其成就、功业超群拔俗,是出于先知。先知不可能从鬼神祈求,不可能从表象推知,也不可能从日月星辰的位置来验证,而只能从人的身上得到,即从知道敌情的人身上得到。

【原文】

故用间有五:有因间,有内间,有反间,有死间,有生间。五间俱起,莫知其道,是谓神纪,人君之宝也。因间者,因其乡人而用之。内间者,因其官人而用之。反间者,因其敌间而用之。死间者,为诳事于外,令吾间知之,而传于敌间也。生间者,反报也。

【注释】

因间:下文亦作"乡间"。

【译文】

所以使用间谍分五种:有因间,有内间,有反间,有死间,有生间。五种间谍一起使用,使敌人无从了解其奥妙,这就是所谓神妙的道理,君主的法宝。因间,是利用敌方的乡野之民做间谍;内间,是利用敌方的官吏做间谍;反间,是利用敌方的间谍做我方的间谍;死间,是故意把假情报传到外面，让我方间谍得知而传给敌方间谍；生间，是亲自回来报告情况的人。

【原文】

故三军之事，莫亲于间，赏莫厚于间，事莫密于间。非圣智不能用间，非仁义不能使间，非微妙不能得间之实。微哉微哉，无所不用间也。间事未发而先闻者，间与所告者皆死。

【注释】

亲：此指亲爱、亲信。

【译文】

所以对统率三军的主将来说，没有比间谍更亲信的，赏赐没有比间谍更优厚，事务没有比间谍更秘密。不是圣贤之人不能使用间谍，不是仁义之人不能差遣间谍，不靠微妙的手段不能得到间谍的虚实。微妙啊微妙！没有什么地方不使用间谍。间谍计划尚未付诸实施而预先走露了消息，走露消息的间谍与他所告诉的人都要处死。

【原文】

凡军之所欲击，城之所欲攻，人之所欲杀，必先知其守将、左右、谒者、门者、舍人之姓名，令吾间必索知之。

【注释】

谒者：掌通接宾客。

【译文】

凡是军队要出击，城池要攻取，人物要刺杀，一定要预先探知它的驻守将领、左右近臣、谒者、门者、舍人的姓名，让我方间谍务必刺探清楚。

【原文】

敌人之间来间我者，因而利之，导而舍之，故反间可得而用也。因是而知之，故乡间内间可得而使也。因是而知之，故死间为诳事，可使告敌。因是而知之，故生间可使如期。五间之事，主必知之，知之必在于反间，故反间不可不厚也。

【注释】

因是而知之：从反间提供的情报而知道。

【译文】

敌方派来刺探我方的间谍，要加以收买利用，引导放归，这样反间才可供我使用；根据反间得知敌人的内情，所以因间和内间可供我用；通过反间得知敌人的内情，所以死间散布的虚假情报，就可以传给敌人；通过反间得知敌人的内情，因而生间可如期返回报告情况。有关这五种间谍的各种事情，国君必须知道，知道这些事情必定取决于反间，所以反间是不可不加以厚待的。

【原文】

昔殷之兴也，伊挚在夏；周之兴也，吕牙在殷。故明君贤将，能以上智为间者，必成大功。此兵之要，三军所恃而动也。

【注释】

殷：古国族名，即商。

【译文】

从前殷国的兴起，是因为有伊挚在夏国；周国的兴起，是因为有吕牙在殷国。所以贤明的君主和优秀的将领，若能够任用有高超智慧的人为间谍，必定会取得极大的成功。这是用兵的关键，整个军队都要依靠间谍提供情报而采取行动。

智慧解读

在孙子的军事理论中，"知己知彼，百战不殆"，是其重要的基石之一。相对而言，"知己"较为容易，而"知彼"则相当困难。用间，正是"知彼"的最重要、最可靠的途径和手段。

【兵法范例】
陈平离间项羽君臣

汉高祖三年（公元前204年），汉王刘邦被楚王项羽围困在荥阳（今河南省荥阳市北）城，内外交困。

这时，刘邦的谋士陈平献计道："项羽为人猜忌信谗，他所依靠信赖的不过是亚父范增、钟离眜等人。而且，每到赏赐功臣时，他又吝啬爵位和封邑，因此士人不愿意为他卖命。大王如能舍得几万金，可用计离间其君臣关系。"

刘邦交给陈平四万金。陈平用重金收买楚军中的将士，让他们散布流言："钟离眜等人功绩卓著，但却不能封王，他们将要与汉王联合……"谣言传到项羽耳中，项羽果然起了疑心，不再与钟离眜等人商议军机大事，甚至对亚父范增也怀疑起来。

适逢刘邦派使者与项羽讲和，项羽便派使者回访，企图探察谣言的真伪。陈平听说项羽的使者到了，立刻指挥侍从抬出上等的餐具和丰盛的食物。待一见楚使之后，又佯装惊讶，低声议论道："原以为是亚父范增的使者，却是楚王使者！"于是匆忙把原物送回，又换上劣等食物及餐具。楚使受此大辱，回去后报告给项羽，项羽的疑心越发加大。从此，项羽故意冷落范增。范增见项羽竟然怀疑自己，气得辞官归乡。范增一走，项羽便如无头苍蝇一般，东碰西撞，争霸事业开始走下坡路。没多久，项羽就被刘邦逼得四面楚歌，在乌江（今安徽省和县东北）自刎。

陈平施行反间计，除掉了项羽的得力辅佐范增和钟离眜，使楚汉实力发生了巨大转变，终于成就了刘邦统一天下的伟业。

陈平见楚国使者到来，故意让人端走上等的餐具和食物，换上劣等的餐具和食物。

三十六计

THE THIRTY-SIX STRATAGEM

　　《三十六计》按计策顺序排列，共分六套谋略，即胜战计、敌战计、攻战计、混战计、并战计和败战计。每套计谋又分为六个计策，共三十六计。每计有总体介绍、注释和译文。除此之外，每计还有用计范例。用计范例采撷自《左传》《战国策》《史记》《汉书》《资治通鉴》《二十四史》等历代典籍中涉及军事斗争和政治斗争的相关题材。内容包括军事、政治斗争的种种经验和案例，以及军事思想和战争谋略，由此可窥中国传统军事文化遗产之一斑。

　　为了帮助大家深入理解《三十六计》，我们还精心设计了"智慧解读"和"破解对策"两个小栏目。"智慧解读"带你一起去领会每一计运用时的精妙所在，而"破解对策"则精分析，巧运用，告诉你破解的对策。

　　文中配有大量精美的图片，这些图片生动地再现了每一个计谋的历史场景，让读者在通俗生动的文字和精美形象的图片中领会"用兵如孙子，策谋三十六"的精彩！

三十六计 总计介绍

第一套　胜战计
- ◎第一计　瞒天过海
- ◎第二计　围魏救赵
- ◎第三计　借刀杀人
- ◎第四计　以逸待劳
- ◎第五计　趁火打劫
- ◎第六计　声东击西

第二套　敌战计
- ◎第七计　无中生有
- ◎第八计　暗度陈仓
- ◎第九计　隔岸观火
- ◎第十计　笑里藏刀
- ◎第十一计　李代桃僵
- ◎第十二计　顺手牵羊

第三套　攻战计
- ◎第十三计　打草惊蛇
- ◎第十四计　借尸还魂
- ◎第十五计　调虎离山
- ◎第十六计　欲擒故纵
- ◎第十七计　抛砖引玉
- ◎第十八计　擒贼擒王

第四套　混战计
- ◎第十九计　釜底抽薪
- ◎第二十计　浑水摸鱼
- ◎第二十一计　金蝉脱壳
- ◎第二十二计　关门捉贼
- ◎第二十三计　远交近攻
- ◎第二十四计　假道伐虢

第五套　并战计
- ◎第二十五计　偷梁换柱
- ◎第二十六计　指桑骂槐
- ◎第二十七计　假痴不癫
- ◎第二十八计　上屋抽梯
- ◎第二十九计　树上开花
- ◎第三十计　反客为主

第六套　败战计
- ◎第三十一计　美人计
- ◎第三十二计　空城计
- ◎第三十三计　反间计
- ◎第三十四计　苦肉计
- ◎第三十五计　连环计
- ◎第三十六计　走为上计

第一套 胜战计

第一套为胜战计，是在即将取得胜利或处于优势情况下所用的计谋。瞬间的疏忽往往会招致失败。即使自己处于优势，亦不可有胜券在握和高枕无忧之心。所以在顺境中仍应慎重谋求策略，保持有利的局面或扩大胜利的战果，以达到成功的目标。

◎第一计 瞒天过海　◎第二计 围魏救赵
◎第三计 借刀杀人　◎第四计 以逸待劳
◎第五计 趁火打劫　◎第六计 声东击西

第一计 瞒天过海

瞒天过海原意是指用各种巧妙的伪装，遮挡住皇帝的视听，瞒骗他上船，使其在不知不觉中跟随大队人马安全顺利地渡过大海。引申意为用伪装的手段作掩护，瞒哄对方，暗中行动。

【原文】

备周则意怠；常见则不疑。阴在阳之内，不在阳之对。太阳，太阴。

【注释】

备周则意怠：防备十分周密，容易使自己有恃无恐，意志松懈。

【译文】

防备周密，往往容易导致思想麻痹，意志松懈；常见的事情就不会产生疑惑（以致丧失警惕）。阴谋就隐藏在公开的行动之中，并不是与公开行动相对立的。最公开的行动当中往往隐藏着最秘密的阴谋。

【智慧解读】

瞒天过海的情形很多，大而言之，可分为以下几种：

一、隐迹潜踪。即把我方的踪迹隐藏起来。如果我方把行踪隐藏起来，那么对方就无法判断我方行动的方向和位置。在这种情况下，我们就可自由灵活地行动了。

二、转移视听。即把对方的注意力转移到公开的行动上来，而使其忽略在这种公开行动中隐藏着的不公开行动。

三、示假隐真。就是向敌人显示一定的假象，而把真的行动或意图掩护或隐蔽起来。

四、阳奉阴违。表面上的服从可以骗得信任，暗中另自行事则可以实现自己的真正目的。

【破解对策】

对瞒天过海之计，可采取如下防范对策：

一、发现疑点。俗话说："若要人不知，除非己莫为。"无论事情做得怎样隐蔽、神秘，总会露出一些蛛丝马迹。我们便可抓住这些可疑之点，顺藤摸瓜，见微知著，发现敌人的真正意图。

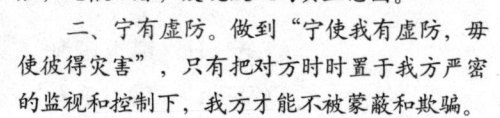

二、宁有虚防。做到"宁使我有虚防，毋使彼得灾害"，只有把对方时时置于我方严密的监视和控制下，我方才能不被蒙蔽和欺骗。

三、及时反馈。无论发现对方有什么动向，特别是在策略行为方面的变化，都要及时发现，并进行全面的信息反馈，作出准确的判断。

四、穷追不舍。如果发现对方正在渡海或者已经渡过大海，我方也绝不要轻易放他们逃走，要坚决穷追不舍，以挽回损失。要想追上已经逃走的敌人，就要有比敌人更快的速度，或者选择比敌人更近的路径。

高足金杯
这是在隋朝开皇年间制作的金杯。

五牙战船模型
五牙战船为隋朝建造的高五层、可容纳八百人的战船。

【用计范例】
鱼臭惑众 胡亥篡位

秦始皇三十七年(公元前210年)冬天，秦始皇在小儿子胡亥和左丞相李斯的陪同下巡游东南。在巡游返回的路上，秦始皇病倒了，最后病死在沙丘平台（今属河北省广宗县）。

丞相李斯担心皇上在都城外死去，诸公子和天下百姓有可能趁机作乱，于是隐瞒消息，没有发丧。李斯命人悄悄将棺木放在温凉车中，并派自己亲信的宦官驾车，每到一地照旧进呈饭食。百官奏报政事也照样进行，装出一种秦始皇仍然在世的样子。只有胡亥、赵高以及李斯最宠信的几个宦官知道秦始皇已经死去。

赵高是一个有野心的阴谋家，他原本是一个宦官，后凭借体力强壮，又通晓监狱的法规，被秦始皇提拔为中车府令，教胡亥学习法律。赵高见秦始皇已经死去，便想趁机扶立胡亥为太子，通过控制胡亥达到控制秦国的目的。于是他劝说胡亥假传秦始皇的圣旨，诛杀秦始皇的长子扶苏，同时赐死曾与自己有过过节的将军蒙恬。胡亥欣然听从了他的计谋。丞相李斯考虑再三，认为赵高的计谋对自己有利，就与他合谋，假称接受秦始皇的遗诏，将胡亥立为太子，并传诏赐扶苏死。

赵高发出伪诏以后，命令巡游的皇家车队继续往咸阳进发。时间一天天过去，天气也渐渐地热了起来。秦始皇的尸体开始腐烂、臭气熏天。李斯下令跟从的官员设法在车上装载一些鲍鱼，利用奇臭的鱼味来迷惑众人，使人分辨不清究竟是什么臭味。于是，李斯等人利用鲍鱼的臭味，掩盖住秦始皇已死的事实。然后他们假传诏令，堂而皇之地回到咸阳，帮助胡亥篡夺了帝位。

秦始皇的尸体散发出强烈的臭味，熏得人们非常难受。

第二计 围魏救赵

围魏救赵原意是指在魏国包围了赵国的时候，不直接去赵国解围，而是通过反过来包围魏国国都的办法，迫使魏国撤军自救，从而解赵国之围。引申为通过围攻来犯之敌的后方据点，迫使其撤兵的作战方法。

【原文】
　　共敌不如分敌，敌阳不如敌阴。

【注释】
　　共敌：这里是指集中的敌人。
　　分敌：这里是指分散的敌人。
　　敌阳：这里是指公开、正面、先发制人。
　　敌阴：这里是指隐蔽、侧面、后发制人。
　　敌阳不如敌阴：指正面攻敌，不如从侧面攻敌。

【译文】
　　攻打集中之敌，不如攻打分散之敌。从正面攻敌，不如从侧面攻打防守相对薄弱之敌。

【智慧解读】
　　"围魏救赵"有三种含义：
　　一、以迂为直。就是通过看似遥远曲折的途径来达到直接的目的。避实击虚，就是主动避开敌人的强处，攻击其弱点。一般无者为虚，有者为实；疲者为虚，坚者为实；弱者为虚，强者为实；无备为虚，有备为实等等。
　　二、从易者始。就是要从相对容易的地方下手，能取得事半功倍的效果。另外，"从易者始"也可以创造出一种破竹之势，使原来的难者也逐渐自行转化为易者。
　　三、攻其必救。围魏时，如何选择"围魏"的突破口是个关键。它至少要具备两个条件：一是它要比"赵"容易进攻，否则就无舍赵而围魏的必要了；二是魏一定得是敌人的必救之处，否则不痛不痒，就达不到救赵的目的。

【破解对策】
　　对围魏救赵之计，可采取如下防范对策：
　　一、瞻前顾后。有个典故叫"螳螂捕蝉，黄雀在后"，意思是说，不要只顾眼前的利益，而忘记了身后的祸患。所以我们做任何事情都要仔细考虑利害关系，要备有防范措施，以防不测。
　　二、丢卒保车。在不可两全的时候，什么都顾，就什么都顾不上，要学会丢卒保车；必要的时候，还应保帅。在这里，关键是要分清什么是卒，什么是车，什么是帅，准确判断，及时选择。
　　三、速战速决。如果能迅速地攻下赵地，就不会出现首尾受敌的情况。所以"夫兵久而利国者，未之有也"。

错金银马首形铜辕饰
这是战国时魏国人装在马车上的装饰物。

契丹人牵马图

云兽纹青玉璜
战国时魏国礼器，显示了魏国贵族生活的奢华。

【用计范例】

徐达迂回破元军

洪武元年（公元1368年），明朝开国大将徐达和常遇春攻克了元朝的都城——大都（今北京市）。随后，他们统率大军继续向山西挺进。这时候，元朝太原守将扩廓帖木儿出雁门关，逼近居庸关，企图夺回大都。

徐达与诸将商议对策说："扩廓帖木儿倾主力远出，太原一定空虚。古人有围魏救赵之举，我们何不仿效古人，避实击虚，直逼太原？"众将齐声说"好"。于是，徐达亲率骑兵，迅速扑向太原。果然，已经到达保安（今河北省涿鹿县）的扩廓帖木儿听说徐达进军太原，担心老巢被端，立刻下令回师救援。双方大军在太原附近相遇。

徐达的军队全是骑兵，步兵尚未到达。徐达与大将常遇春正在营中谋划，忽有亲信来报："扩廓帖木儿的部将豁鼻马愿意投降做内应，现派人来商讨。"常遇春道："现在元军已成崩溃之状。扩廓帖木儿只是一支孤军，败局已定，因此，豁鼻马的投降可信。"徐达认为常遇春的判断有理，并说："我军只有骑兵，与扩廓帖木儿正面交锋只能吃亏。如果利用豁鼻马为内应，集中兵力，乘夜偷袭，定能大破扩廓帖木儿！"

扩廓帖木儿得到徐达已率军攻打太原的消息后，率领士兵掉转马头，赶往太原。

当天夜晚，他们一边派出使者与豁鼻马取得了联系，一边倾营而出。在豁鼻马的策应下，明军突然杀入扩廓帖木儿的营中。扩廓帖木儿尚未就寝，忽闻营中一片喊杀声，急忙出营上马，在十八名亲信的保护下，拼死杀出一条血路，逃命去了。徐达大破扩廓帖木儿，还收降了豁鼻马的四万精兵，攻破了太原。徐达采用围魏救赵之计，轻而易举地占领了太原。

第三计 借刀杀人

借刀杀人原指不用自己的刀而借用别人的刀去杀人，这样自己既可以不被发现，又可以在危急的时候，嫁祸于人。引申为为了保存自己的实力，而利用矛盾，巧妙借用第三方力量击破敌人，达到自己的目的。

【原文】

敌已明，友未定，引友杀敌，不自出力。以《损》推演。

【注释】

敌已明，友未定：指打击的敌对目标已经明确，而盟友的态度却一时尚未确定。

引友杀敌：引诱盟友的力量，去消灭敌人。引，引诱。

以《损》推演：根据《损卦》"损下益上""损阳益阴"的逻辑去推演。

【译文】

敌人已经明确，盟友的态度尚在犹豫之中，这时应（竭力设法）诱使盟友去攻打敌人，而无需自己出力。这是从《损卦》卦义的逻辑推演出来的。

【智慧解读】

借刀杀人有三个含义：

一、不自出力。善于假手于人，巧妙借用外力，自己不用动手，不用出力，不花任何代价，同样达到目的。

鹿首弯刀

二、杀人不见血。即不露任何痕迹，不抛头露面，也就可以不承担任何责任，既实现了目标，又落得两手干净。

三、拉人下水。借人之刀去杀人，刀之主人，必然也就被诱迫入伙，即使不是心甘情愿地入伙，也必然不能逃脱杀人的干系，自然也就被拉下了水。尤其是在势均力敌的情况下，谁能争取到第三方力量，谁就能取得胜利。通过本计可以增加自己的力量。

【破解对策】

对借刀杀人之计，可采取如下防范对策：

一、遇事不盲从。培养分辨是非的能力，避免被人利用当枪使。

二、比较利害。如果遇到别人极力诱使自己去干某件事时，而这件事对别人利多害少，对自己利少害多，就有被当"刀"使的可能，一定要对那人严加防范。

武装家兵俑

三、"杀人"要有理由。我们在"杀人"前，要站在自己的角度上，看是否有"杀人"的理由。若找不出"杀人"的理由，千万不要妄开杀机。

四、修好自己的篱笆。"害人之心不可有，防人之心不可无。"要时时警惕来自各方面的攻击。

五、及时揭露。一旦发现自己成为被杀之人，要及时对"借刀"之人进行揭露，指出他的阴险用心，使"被借刀"之人醒悟，不再受骗上当。要时时警惕来自各方面的攻击，不再做亲者痛、仇者快的事情。

带鞘环首刀

【用计范例】
二桃杀三士

春秋时，公孙接、田开疆、古冶子三人是齐景公的臣子。他们虽然勇猛无敌，但是却傲慢无礼，经常胡作非为。相国晏婴对齐景公说："主公，您手下的三个勇士，上无君臣之义，下无长幼之礼。我怕他们成为国家祸乱的根源，最好把他们除掉。"齐景公不无担心地说："你说的这些我也一直在考虑，无奈他们三人都本领高强，并且为齐国立下过赫赫战功。要想杀死他们谈何容易？"晏婴胸有成竹地笑笑，说他自有办法。

一天，晏婴叫人为三位勇士送去两个桃子，并告诉他们："这是主公赏赐给最勇敢的人的。"公孙接见此情景，首先说道："我陪主公出去打猎，第一次杀死一头野猪，第二次杀死一只老虎。我有资格吃一个桃子吧！"于是他拿了一个桃。田开疆说："我率领军队两次打败进攻齐国的敌人，我更有资格吃一个桃子。"于是他也拿了一个桃。古冶子见两个桃子已经被他们二人分了，愤愤不平地说："我曾经为主公驾着马车渡河，一头巨鳖咬住了左边那匹马，把马车拖向河心。我跳下河，在河底把巨鳖杀死，救主公脱险。可如今却吃不上一个桃子，我怎能受如此羞辱？"说完，便拔剑自刎。公孙接、田开疆大惊，羞愧万分，说："我们的功劳不如你，却先给自己分了桃子，实在太贪婪了。今天我们不死，是无勇的表现。"说罢，二人也拔剑自刎。就这样，晏婴借用两个桃子，轻松地除掉了三位勇士。

古冶子见自己分不上一个桃子，拔剑自刎。

第四计 以逸待劳

以逸待劳是指养精蓄锐，痛击远来进犯的疲惫之敌。也就是说，凡是先到战场而等待敌人的，就从容、主动，后到达战场的只能仓促应战，一定会疲劳、被动。

【原文】

困敌之势，不以战。损刚益柔。

【注释】

势：情势、趋势。这里主要是指军事的态势。

损刚益柔：语出《易·损·彖》，"……损刚益柔有时……"损卦为兑下艮上，是由泰卦乾下坤上变来的。泰卦的九三变为损卦的上九，而泰卦的上六则变为损卦的六三，说明由泰卦变为损卦是损乾益坤，损刚益柔的结果。但这种损刚益柔只要因时也会吉利。

【译文】

迫使敌人处于困难的局面，不一定用直接进攻的手段（而可采取消耗敌人力量的手段）。这是从《周易》损卦彖辞中"损刚益柔有时"一语中悟出的道理。

【智慧解读】

以逸待劳之计有四个含义：

一、养精蓄锐。凡要攻击敌人，自己首先要有足够的力量，在自己的力量尚不足以击败敌人时，应主动退守，抓紧时机，扩充力量。

二、疲损敌人。在敌人力量比较强大时，应采取调动敌人四处奔命的方法，使其体力疲惫，士气受挫，进而削弱其力量。

三、以守为攻。有时防守是为了准备更大的进攻。因为在某种情况下，积极主动自守的不战策略，对敌人力量的消耗、斗志的消磨，甚至比刀枪相拼的效果更好。

四、等待时机。时机不成熟时要善于等待时机，可以采取退避三舍、虚于应付、慢火煎鱼、故意拖延等办法与敌人巧妙周旋，时机一到，转守为攻，一鼓作气消灭敌人。

阳陵虎符

【破解对策】

对以逸待劳之计应采取如下防范对策：

一、先处阵地。《孙子兵法》中说，"凡先处战地而待敌者佚"，及早进入战地，就有充分的时间进行休整，进行战前准备，从而熟悉作战环境，掌握战争的主动权。

二、以简驭繁。舍掉不必要的行动，加强关键的程序；控制多余的消耗，把好钢用在刀刃上；以精干灵活的机动部队与敌庞大臃肿的部队进行周旋。

三、以静应动。以不变应万变，以不动应妄动。如果穷于应付，最终会导致困顿。

东汉铜兵马俑

【用计范例】
齐鲁长勺之战

春秋时期,齐王拜鲍叔牙为大将,命他率兵进犯鲁国。鲁国任命曹刿做参谋,让他随军出征。

到了长勺(今山东省曲阜市北)这个地方,鲁军和齐军对垒起来。齐将鲍叔牙看见鲁军出迎了,立即展开攻势。一时战鼓齐鸣,喊杀连天,齐兵如排山倒海般冲过来。鲁庄公着了慌,也连忙下令擂鼓出击。曹刿立即制止说:"主公且慢!敌人的锐气正旺盛,我们只能严阵以待,急躁不得!"于是曹刿传令偃旗息鼓,坚守阵地,违令者斩。齐军一齐冲锋过来,却如木板碰铁桶一样,冲不进去,只得退下;过了一会儿,齐军再次擂鼓冲锋,鲁军依然不动摇,齐军只好又退了下来。鲍叔牙很得意地对部属说:"我们两次挑战鲁军都不敢迎战,他们一定是害怕了。如果我们再来一轮冲锋,一定会大获全胜。"于是,鲍叔牙下达第三次冲锋命令,战鼓又像雷一样响起来。这时齐兵虽然嘴里叫喊着,心里却认为敌军不敢出来,斗志无形中已松懈下去。

曹刿听到齐军的第三次鼓响了,对鲁庄公说:"是出击的时候了。"便下令冲锋。鲁兵一闻鼓响,如猛虎捕食一样,以迅雷不及掩耳之势冲过去。齐兵慌忙招架,却被杀得七零八落,大败而逃。鲁庄公满心高兴地问曹刿:"你为什么要等到敌军三通鼓罢才肯擂鼓出击呢?"曹刿便说:"打仗全凭一股勇气,擂鼓就是冲锋的信号。第一次鼓响,是士气最旺盛的时候,士兵好比一群下山的猛虎,勇猛无畏;第二次鼓响,士气就开始松懈;到了第三次鼓响,士气到了疲惫地步,战斗力大大减少。所以,我趁敌人的三通鼓罢,然后出其不意,一鼓作气,攻疲乏之兵,自然会将他们打垮!"

曹刿见齐军已擂鼓三遍,连忙命令鲁国的士兵击鼓,向前冲杀。

第五计 趁火打劫

趁火打劫，趁：乘机。劫：强行抢夺。趁火打劫的原意是趁别人家里发生火灾，正处于一片混乱时，抢夺人家的东西。比喻当别人处于危难时，从中捞一把或乘机害人。兵法中则指趁着敌人有危机的时候，对敌人加以攻击的策略。

【原文】

敌之害大，就势取利，刚决柔也。

【注释】

敌之害大：害，这里是指遇到严重灾难，处于困难、危险的境地。

刚决柔也：乘刚强的优势，坚决果断地战胜柔弱的敌人。决，冲开、去掉，这里引申为摒弃、战胜。王夫之《周易内传》卷三说："夫之为言决也，绝而摈之于外，如决水者不停贮之。决而任其所往。"

【译文】

敌人的处境艰难，我方正好乘此有利时机出兵，坚决果断地打击敌人，以取得胜利。这是从《周易》卦象辞"刚决柔也"一语中悟出的道理。

成之后，论功分肥。

【破解对策】

对趁火打劫之计，应采取如下防范对策：

一、防患于未然。敌人可乘之机就是我们"家里着火"。根除了"失火"的火源，使我们这里不发生火灾，那么，敌人就无可乘之机了，这是最根本的防范措施。

汉代错金博火炉

二、团结一致。如果敌人乘我们内乱进攻的话，那么，自己内部发生矛盾的双方要清醒地认识到"鹬蚌相争，渔翁得利"的道理。我们应立即捐弃前嫌，一致对外，这样大家都能得以保存。

三国蜀彩绘陶屋

三、关好门户。趁火打劫一般都是乘隙取利，乘乱取利。如果我们关好门户，防止外人乘机而入，那样敌人也就找不到可乘之"隙"了；如果我们虽遇危难，仍然临危不乱，井然有序，敌人也就无可乘之"乱"了。

【智慧解读】

此计有四个含义：

一、乘危取利。选择敌人发生危难之时，向敌人发起主动进攻，夺取利益，往往很容易获得成功，也可称为乘间取利，乘人之隙取利。

二、落井下石。当敌人已遇到危难时，我们乘机再给他制造更多的困难，这样就可以轻易地把敌人置于死地，也可称为雪上加霜。

三、明助暗夺。对方后院"起火"，我方装出"救火"的姿态前去凑热闹。这样既不会被对方拒绝，也不会引起对方的注意。在"救火"过程中，我方便暗中捞取好处，或在暗角再点"新火"。

四、入伙分利。火是别人放的，别人在趁火打劫，这时我方乘机插手，助上一臂之力，事

翻车
翻车主要用来提水灌溉。

【用计范例】
多尔衮趁乱入主中原

明朝末期，国势衰微，政治颓弊。而此时，居住在中国北部的满族逐渐强大起来，建立了后金，后改国号为清。清崇德八年（公元1643年），清太宗皇太极病逝，朝廷大权由摄政王多尔衮把持。多尔衮对中原早就有攻取之意，他时刻虎视眈眈地注视着明朝的一举一动。

明崇祯皇帝猜疑成性。他听信谗言，杀了主张抗击后金的大将袁崇焕，一连更换了十几个宰相，使贤臣良将根本不能在朝廷立足。同时，一些奸邪小人却非常得宠，他们口蜜腹剑，陷害忠良，搅得朝政混乱不堪，人民生活在水深火热之中。

为了推翻明朝的统治，李自成发动了农民起义。顺治元年（公元1644年），李自成率农民起义军一举攻占明朝的京城——北京，建立了大顺王朝。但随着军事上的迅速胜利，大顺政权的领导者们产生了骄傲、麻痹思想。起义军刚进北京城时，军纪相当严明，但后来逐渐松懈。有些军官甚至受贿，包庇明朝官吏；有些士兵腰缠金银珠宝，打算富贵还乡。大顺领导者陶醉于眼前的胜利，以为明朝覆灭了，天下从此太平。他们放松了对盘踞在山海关的明朝总兵吴三桂的警惕。

吴三桂本是势利小人，惯于见风使舵。他看到明朝大势已去，本想投奔李自成，巩固自己的实力。而李自成胜利之后，根本没把吴三桂看在眼里，派人去抄他的家，把他的父亲扣押起来。吴三桂本来就与清朝的贵族相勾结，见此情景，投靠了清朝，希望借清兵势力消灭李自成。

多尔衮闻讯欣喜若狂，认为时机成熟，可以实现多年的愿望了。这时中原内部战火纷飞，李自成江山未定，于是多尔衮迅速联合吴三桂的部队，进入山海关，并长驱直入，攻陷京城。李自成的起义军不得不退出北京。多尔衮把握时机，趁明政府与起义军对抗之际，趁火打劫，一举攻占了中原。

李闯王威风凛凛地进入北京城。

第六计 声东击西

声东击西是指表面上声张着去打东边，实际上却攻打西边。军事上是指忽东忽西，巧妙诱敌，给对方制造错觉，乘机消灭敌人的出奇制胜的战术。本计出自《淮南子·兵略训》。

【原文】

敌志乱萃，不虞，坤下兑上之象，利其不自主而攻之。

【注释】

敌志乱萃：安居乐业的局面受到扰乱。萃，聚集。

不虞：意料不到。虞，预料。

坤：顺。

兑：悦。

利其不自主而攻之：敌人不能把握自己的前进方向，对我方有利，应乘机进攻，打击敌人。不自主，即不能自主地把握自己的前进方向和攻击目标。

【译文】

敌人神志慌乱，不能正确预料和应付突发事件和复杂局面，正如坤下兑上的萃卦受到扰乱一样，要利用敌人这种不能自主把握前进方向的时机，对敌人发起攻击。

【智慧解读】

我们可以把此计分成以下几种情形：

一、忽东忽西。我方没有固定的进攻方向，一会儿在此，一会儿在彼，忽而出东，忽而出西。敌方摸不清我方的真正意图，只好处处被动设防，穷于应付，时间一长必然只有招架之功而无还手之力。

二、即打即离。时而前来挑战，时而远远离开，敌方以为我方要打，我方却没有打；敌方以为我方不打，我方却突然发动袭击。

三、发动佯攻。向甲地发动佯攻，借此吸引敌方的注意力，待敌方把兵力调到甲地，我方突然在乙地发起猛攻。

四、避强击弱。在我方忽东忽西的进攻下，使敌方把主力布置在不利于自己的地点。这样，我方就避开了敌方的锋芒，打击其薄弱环节，一点一点吃掉敌人。

【破解对策】

对声东击西之计，应采取如下防范对策：

一、常山之蛇，首尾呼应。在常山这个地方有一种蛇，打它的头则尾至；打它的尾则头至；打它的中间，则首尾俱至。为了防止敌方对我方施以声东击西之计，必须建立首尾呼应之阵。一处受到攻击，另一处马上可以赶到救援，这样即使一时不能识破敌人的假象，也有应急之力。

二、善于分析，发现反常。假的就是假的，总有蛛丝马迹要露出来，只要我们善于分析，即便再善于伪装的敌人，也会露出破绽的。例如，佯攻一般都是"雷声大，雨点稀"，旗也比正常的多，鼓也比正常的响，但行动却比正常的慢，并同时表现出鬼鬼祟祟、十分神秘的样子来。

三、要进行换位思考。就是站在敌人的角度来进行思考。如果敌人的所作所为与自己所设想的不一样，甚至完全相背，那么就应该考虑其中是否有诈。如果觉得可疑，一定要早作防范。

【用计范例】
班超声东击西制龟兹

东汉时期，东汉军司马班超出使西域，目的是团结西域诸国共同对抗匈奴。但要使西域诸国共同对抗匈奴，就必须先打通南北通道。

在西域诸国中，有一个莎车（今新疆维吾尔自治区莎车县）国，它煽动周边小国归附匈奴，反对汉朝。班超决定首先平定莎车，以儆效尤。莎车国王打不过班超率领的军队，只好北向龟兹（今新疆维吾尔自治区库车县）求援，龟兹王亲率五万人马，援救莎车。班超联合于阗（今新疆维吾尔自治区和田县）等国对抗龟兹，但兵力只有二万五千人。

班超定下了声东击西之计。为了迷惑敌人，他派人在军中制造打不赢龟兹的舆论，并显露出撤退的迹象。班超故意让莎车国俘虏把这一切听得一清二楚。这天黄昏，班超命于阗大军向东撤退，自己率部向西撤退，然后让俘虏趁机脱逃。俘虏逃回莎车营中，急忙报告汉军慌忙撤退的消息。

龟兹王大喜，误认班超惧怕自己而慌忙逃窜，想趁此机会，追杀班超。他立刻下令兵分两路，追击逃敌。他亲自率一万精兵向西追班超。班超趁夜幕笼罩之际，撤退仅十里地，部队就地隐蔽。龟兹王求胜心切，率领追兵从班超隐蔽处飞驰而过。班超立即集合部队，与事先约定的东路于阗人马，迅速回师，杀向莎车。班超的部队如从天而降，莎车猝不及防，迅速瓦解。莎车王只得投降。

龟兹王追赶一夜却没看见班超部队的踪影，这时又收到莎车已被平定，人马伤亡惨重的消息。龟兹王见大势已去，只得收拾残部，悻悻然返回龟兹。

班超兵分两路，向东西方向撤退。

【用计范例】
耿弇声东击西平齐地

公元29年秋，刘秀身边的大将耿弇率军东进，渡过黄河，想攻取西安和临淄。

西安兵多将广，防守严密，临淄的兵力相对来说较弱。耿弇经过深入分析，想出了一个声东击西、避强击弱的巧计。打仗之前，耿弇给将士们饯行，声称要进攻西安，然后故意把这个消息泄露出去。西安守军得到这个消息以后，严加防守。与此同时，耿弇却当夜率军潜行至临淄城下，以迅雷不及掩耳之势发起突然进攻。临淄城本来就兵力不足，听说耿弇军欲攻西安后，便不加防备。不料耿弇的军队从天而降，很快就攻下了临淄城。耿弇军占领临淄后，使西安处于孤立状态。

西安守将张蓝孤军作战，心存恐惧，遂弃城逃往剧县（今山东省昌乐县西北）。这样，西安城就拱手送给了耿弇的大军。剧县守将张步是张蓝的哥哥，他见西安城也落入耿弇的手中，便凑集了二十万大军反攻临淄，想与耿弇决一死战。耿弇采用依托临淄，以逸待劳的作战方针，把张步的二十万大军打得步步后退，仓皇逃回剧县。数日后，刘秀的援军赶到，耿弇围攻剧县。张步最后拱手而降。

耿弇采用声东击西的计策，从敌人的薄弱处入手，先发制人，然后再与敌人的优势兵力周旋，从而取得了战争的胜利。

耿弇为三军饯行，故意将攻打西安的消息散布出去。

第二套 敌战计

　　第二套为敌战计，是指在敌我双方势均力敌的形势下所施的策略。两强相争，勇者胜；勇者相遇，有谋者赢。在运用此套战计时可不考虑双方兵力如何，而要进行缜密的侦察，了解敌方的弱点，用计谋迷惑敌人，使敌人入我方的圈套，然后乘机消灭他们。

◎第七计　无中生有　　◎第八计　暗度陈仓
◎第九计　隔岸观火　　◎第十计　笑里藏刀
◎第十一计　李代桃僵　◎第十二计　顺手牵羊

第七计 无中生有

无中生有，就是真真假假，虚虚实实，真中有假，假中有真。在与敌人斗争的过程中，我方要做到虚实互变，扰乱敌人，使敌方判断失误，行动失误。

【原文】

诳也，非诳也，实其所诳也。少阴，太阴，太阳。

【注释】

诳也，非诳也：虚假之事又非虚假之事。诳，欺骗，迷惑。

实其所诳也：把真实的东西充实到假象之中。实，实在，真实。

少阴，太阴，太阳：原指《易经》中的兑卦（少阴）、巽（太阴）、震卦（太阳）。

【译文】

用虚假的情况迷惑敌人，但又不完全是虚假情况，因为在虚假情况中又有真实的行动。在稍微隐蔽的军事行动中，隐藏着大的军事行动；大的隐蔽的军事行动，又常常在非常公开的、大的军事行动中进行。

【智慧解读】

无中生有之计有三种含义：

一、凭空捏造。把不存在的东西说成事实，把张三的帽子给李四戴，把蚊子说成大象。这样做的目的是为了迷惑他人，消灭敌人，为自己谋得利益。

二、以假代真。把假的装扮成真的，化假为真，以此招摇撞骗，试探风声，捞取好处。

三、无事生非。在敌方处于平静、无纷争的情况下，我方利用虚假的情报制造谣言，使敌方发生混乱，然后我方乘机而入，收到出奇制胜的效果。

【破解对策】

对无中生有之计，应采取如下防范对策：

一、不要轻信。正如《六韬》所讲："信而喜信人者，可诳也。"也就是蒙骗只有在那些头脑简单的人身上才起作用。如果遇事多问几个为什么，特别是对我们的敌人，要进行深入地分析研究，那么敌人的阴谋就很可能被拆穿。

二、不要松懈。如果敌人翻来覆去地重复同一件事，特别是一次被拆穿的假象仍一再出现，那么在其背后就可能掩盖着无中生有的意图。反复造假，必有计谋。这时我们千万不要因敌人的阴谋曾被识破而放松警惕。

三、流言止于智者。散布流言飞语是敌人施用"无中生有"的一种形式，流言飞语只有在有市场的情况下才能起作用。如果我们冷静地加以分析，及时地加以抵制，敌人的阴谋就会破产。《军庐经略》中说："两敌相仇，言不足信。其信之者，必愚将也。唯智将不为人所诳，而能诳人焉。"

【用计范例】
武则天生事陷害王皇后

武则天是中国历史上唯一的一位女皇帝。她从唐高宗李治的一个昭仪，到后来成为母仪天下的皇后，以致后来登上皇帝的宝座，靠的是弄权设计。王皇后被废就是她用无中生有之计陷害的。

公元655年十月，武昭仪即武则天，生了个女孩，王皇后很喜欢。有一天，王皇后到昭仪宫看望女婴。武则天一直在伺机除掉王皇后，只是没有合适的机会下手。她见王皇后正在哄逗自己的女儿，顿时心生一条毒计。

王皇后走后，武则天来到熟睡的女儿身边，强忍悲痛掐死了她，然后再给死婴盖上被子。过了一会儿，唐高宗过来探视她们母女两人。武昭仪承欢言笑了一会儿，就揭开被子，装作突然发现死婴，悲痛欲绝地哭了起来。然后，她歇斯底里地问左右有谁来过。左右都说："皇后刚刚来过。"唐高宗听了，勃然大怒，认定是皇后杀死了武则天的女儿。唐高宗也没调查，就将王皇后废为庶人。没过几天，武则天就由昭仪一跃成为了皇后。

后宫历来是封建社会激烈斗争的交汇点之一，武则天身处其中，非常清楚王皇后在朝中的分量。她知道只有采用阴毒的手法，嫁祸王皇后，才能置其于死地。于是，武则天乘王皇后来探视亲女，唐高宗接着来探视的当口，掐死亲女，从而达到了自己的目的。武则天的计谋运用是成功的，只是阴毒过甚，丧失母性和人性，世间难找。

武则天杀死自己的亲生女儿，在高宗面前号啕大哭。

第八计 暗度陈仓

暗度陈仓为"明修栈道，暗度陈仓"的简化。意思是公开表示要修栈道，从栈道走，可是却利用假装修栈道的时间，从另外的道路偷偷通过，来到陈仓。现指运用迂回战略，从敌人意想不到的地点、方向发起进攻。

【原文】

示之以动，利其静而有主，益动而巽。

【注释】

示之以动：把佯攻的行动故意显示在敌人面前。动，行动，动作，这里是指军事行动。

利其静而有主：利用敌人在这里固守时，悄悄地迂回到那里偷袭。静，平静；主，主张。

益动而巽：表面上努力使行动合乎常情，暗地里主动迂回进攻敌人，必能有所收益。益和巽，都是《易经》的卦名。《易经·益·象》说："益：动而巽，日进无疆。"是说益卦上卦为震，为动，上卦为巽，为风。

【译文】

故意采取佯攻行动，利用敌人已决定固守的时机，暗地里迂回到敌后进行偷袭，乘虚而入，出奇制胜。

【智慧解读】

暗度陈仓有三种含义：

一、以迂为直。本来修好栈道之后，全军通过栈道进攻敌人是一条直而近的路，但是修好栈道需要一定的时间，同时在栈道的另一边，敌人已派重兵防守，很难一举攻破。而绕道陈仓虽然多走一些路，但一则可以使行动立即付诸实施，二则可绕过敌人的防御线，这样用的时间少，阻力小，从效果上看大大优于出兵栈道。

二、以明隐暗。一明一暗两套办法同时使用，明的一套为假，暗的一套为真，用明的一套来掩盖暗的一套，暗的一套才能得以顺利实施。

三、以正隐奇。奇正是用兵的变法和常法，《孙子兵法》中说："凡战者，以正合，以奇胜。"就是说打仗作战，一般都是以正兵当敌，以奇兵取胜。本计就是让敌人错误地认为我们是在按常规的战法作战，而实际我们是在暗中使用奇兵，出奇制胜。

汉朝马踏飞燕

【破解对策】

对暗度陈仓之计应采取如下防范对策：

一、布成圆阵。《孙子兵法》中说："混混沌沌，形圆而不可败也。"就是说在混沌不清的情况下打仗，必须把队伍部署得四面八方都能应付自如，使敌人无隙可乘，无法战败我方。而圆阵，既可对付栈道方面来的敌人，也可对付陈仓方面来的敌人。

二、善于侦察。要多方收集情报，发现敌人的近期情况及动向，尽早加以防备，尽早发现向陈仓移动的部队，使敌人隐蔽的行动不能达到目的。

三、事先堵死陈仓之路。如果我们能在敌人之前发现陈仓之路，不等敌人来到就堵死这条路，那么敌人就会不战自退，或反陷于困境。

汉代彩绘漆鼎

【用计范例】
赵匡胤明里抗辽，暗谋帝位

公元959年，后周皇帝周世宗病逝。赵匡胤被任命为禁军最高将领、殿前都点检，在朝廷中是个举足轻重的人物。

公元960年正月初一，正当后周群臣在开封欢度新春佳节的时候，突然边塞传来警报，北汉、辽军会师攻周。赵匡胤受命率军出征，北上抗辽。大军行至离开封东北二十里远的陈桥驿时，天色已晚，赵匡胤便命大军驻扎下来。夜里，赵匡胤的弟弟赵匡义和谋士赵普，按照赵匡胤的预先部署，派人到将士中鼓动兵变，拥立赵匡胤当皇帝。同时，赵匡胤派飞骑回京，与留在汴梁（今河南省开封市）的禁军将领石守信等秘密约定，待赵匡胤回师时作为内应。

赵匡义、赵普指使人在将士中散布："皇上幼弱，我们纵然拼死战场，也无人晓得，不如先立殿前都点检为天子，然后再行北征。"集聚一起的出征将士，很快被传言煽动起来。第二天凌晨，鼓噪一夜的将领披甲执兵，叩门叫醒昨夜醉酒卧睡的赵匡胤，由赵匡义、赵普带领相继而入，共同要求："诸将无主，愿策立点检为天子。"赵匡胤故做惊愕状，起身下床。众人一拥而上，把准备好的黄袍披在赵匡胤身上，接着排列跪拜，高呼万岁。赵匡胤随之乘马领兵返回开封。

城中石守信等早已做好内应。后周满朝文武，尚未从惊诧中回过味来，七岁的后周恭帝柴宗训，就被迫在正月初四禅让出帝位。次日，赵匡胤正式登基，改元建隆，称国号为"宋"，成了大宋王朝的开国皇帝，即宋太祖。

赵匡胤打着抗击辽军的旗号，暗中却谋划篡夺帝位，用的正是以迂为直、以明隐暗的暗度陈仓之计。

众将士给刚刚睡醒的赵匡胤披上龙袍，倒地叩头，高呼万岁。

第九计 隔岸观火

隔岸观火用来比喻在别人出现危难之时，袖手旁观，待其自毙。在军事上指不靠直接交战，而在敌人内部自相倾轧时，采取坐山观虎斗的态度，促使其矛盾更加激化，在其两败俱伤时，从中取利。

【原文】

阳乖序乱，阴以待逆。暴戾恣睢，其势自毙。顺以动，《豫》，豫以顺动。

【注释】

阳乖序乱，阴以待逆：敌方众叛亲离，混乱一团，我方应静观以待其发生大的变乱。阳、阴，指敌我双方两种势力。乖，分崩离析。逆，混乱、暴乱。

暴戾恣睢：穷凶极恶。

顺以动，《豫》，豫以顺动：豫即喜悦。豫卦坤下震上。顺以动，坤在下，是顺；震在上，是动。

【译文】

当敌人内部产生争斗、秩序混乱时，我方应静观，待其大变乱。敌人穷凶极恶，自相仇杀，必然自取灭亡。顺应时势而行动，就能像《豫》卦所说的那样，达到令人喜悦的目的。凡事必须顺应时势行动，不宜操之过急。

【智慧解读】

此计的含义有以下三种：

一、先为不可胜。《孙子兵法》说："昔之善战者，先为不可胜，以待敌之可胜。"在"火"旺盛的时候，切不可首先趋近取"栗"，否则会引火烧身。应当"隔岸"观察"火"的动向，这样可以确保自身的安全。

二、坐山观虎斗。在通常情况下，外部矛盾的加剧会促使内部矛盾的缓解。外部矛盾的缓解会导致内部矛盾的加剧。在两虎相斗时，可以坐山静观，让它们互相撕咬，以致两败俱伤。

三、坐收渔利。"观火"不是最终目的，"观火"是为了取利。因此，在鹬蚌相争之时，要抓住双方不能自拔的有利时机，收取渔人之利。

青瓷狮形水注

【破解对策】

对隔岸观火之计应采取如下防范对策：

一、不要窝里斗。不考虑大的、共同的利益，而只是为了一点局部的、小集团的利益而同室操戈，这就等于把屠刀交到敌人手中，使亲者痛、仇者快。

西汉文帝行玺金印

二、家丑不可外扬。自己内部有这样那样的矛盾和分歧是正常的，而不正常的是把这些情报提供给敌人，使敌人有隙可乘。内部的问题要解决在内部。在敌人面前我们一定要团结一致，同仇敌忾。

三、要及时觉悟。在我们自己内部发生争斗的时候，更应把眼睛盯在我们的共同敌人身上，一旦发现有人在看热闹，想获渔人之利，就应立即觉悟过来，各自主动放手，切莫计较个人恩怨。让给自家人，总比同归于尽好。

北魏铜虎符

【用计范例】

苏代献计退秦兵

战国后期，秦国武安君白起在长平（今山西省高平县附近）一战全歼赵军四十万。之后，白起乘胜攻下赵国十七城，直逼赵国国都邯郸（今河北省邯郸市）。平原君的门客苏代主动向赵王请缨，冒险出使秦国。

苏代带着厚礼到咸阳拜见应侯范雎，对范雎说："武安君长平一战，威风凛凛，现在又直逼邯郸，他可是秦国的头号功臣。您现在的地位在他之上，恐怕将来您不得不位居其下了。"范雎听后沉默不语。苏代趁机说道："赵国已很衰弱，您何不劝秦王暂时同意议和？这样既可剥夺白起的兵权，您的地位也稳如泰山了。"范雎立即面奏秦王："秦兵劳苦日久，不如暂时息兵，允许赵国割地求和。"秦王果然同意。结果，赵国献出六城，两国罢兵。白起突然被召班师，心中不快，后来知道是范雎的建议，也无可奈何。

两年后，秦王又发兵攻赵。这时赵国已起用老将廉颇，设防甚严。秦王决定让白起挂帅出征。白起说："廉颇精通战略，不可小视；再说，两国已经议和，现在进攻，会失信于诸侯。所以，这次出兵，恐难取胜。"秦王怒不可遏，削去白起的官职，将他赶出咸阳。这时范雎对秦王说："白起心怀怨恨，如果让他跑到别的国家去，肯定是秦国的祸害。"秦王一听，派人赐剑白起，命其自刎。可悲的是，为秦国立下汗马功劳的白起，落到这个下场。当白起围邯郸时，秦国国内本无"火"，可是苏代点燃范雎的妒忌之火后，秦国内的文武失和之火就燃起来了。赵国隔岸观火，自己免去了覆灭之灾。

秦王听从范雎的建议，派人赐剑白起，让他自刎。

第十计 笑里藏刀

笑里藏刀原意是形容脸露笑容而心有杀机，或外表和善，内心凶狠。在军事上是指表面缓和，借以麻痹敌人，暗中则积极准备，等待时机，突然行动，一举全歼敌人的策略。

【原文】

信而安之，阴以图之；备而后动，勿使有变。刚中柔外也。

【注释】

信而安之，阴以图之：表面上使对方深信不疑，从而安下心来，暗地里却另有图谋。阴，暗地里。图，图谋。

备而后动，勿使有变：做好充分的准备，然后再采取行动。备，这里是指充分准备。变，这里是指发生意外的变化。

刚中柔外也：表面上软弱，内里却很强硬，表里不相一致。

【译文】

表面上要做得使敌人深信不疑，从而使其安下心来，丧失警惕；暗地里我方却另有图谋。要做好充分准备，然后再采取行动，不要引起敌方产生意外的变故。这就是外表上柔和，骨子里却要刚强的谋略。

【智慧解读】

使用笑里藏刀一计，要根据敌方指挥员的特点实施，对骄傲自大的要增加他的傲气；对心怀畏惧的，要表示我方的诚意，使敌人放松警惕，我方则暗中准备，寻找有利时机进攻。此计的含义有三种：

一、口蜜腹剑。嘴里讲的话比蜜还甜，心里却藏着一把杀人的利剑。正所谓"笑中有刀潜杀人"。

二、刚中柔外。表面上谦恭和善，骨子里却阴毒无比。这是一种以柔克刚的韬晦之术。其杀伤力也是最致命的。

三、伪装顺从。一方面对别人表示诚心服从，按别人的意愿行事；另一方面心怀异志，等待时机，杀人越货。

【破解对策】

对笑里藏刀之计应采取如下防范对策：

一、要警惕无缘由的主动亲近。如果敌人突然对我们表现出十分亲近的样子，而我们又一时找不出同我们亲近的缘由来，那就应该提高警惕，加强戒备，这很可能就是敌人要向我们发动攻势的信号。

二、"辞卑而益备者，无约而请和者"要防。敌人的言辞突然谦卑而实际上又在加紧备战的，没有事先约定而突然来议和的，其中必有阴谋。对于这样的敌人，我们决不能完全相信，要察言观色，看透本质。

三、"巧言令色，鲜矣仁"。花言巧语的人，我们不能完全相信，这样的人是很少讲仁义道德的。

四、戒骄戒躁。骄傲自恃，刚愎自用，急躁浮动，喜欢奉承，是敌人可利用的心理缺点。敌人之所以能利用我们，是因为我们有可利用之处，要想不被敌人利用，必须彻底克服可被利用的缺点。

【用计范例】
李斯笑里藏刀逼死韩非

韩非是战国时期著名的思想家、法家的集大成者。他原是韩国公子，后来拜到荀子门下，和以后成为秦国宰相的李斯是同学。韩非成绩优异，总是超过李斯。李斯本是一个心胸狭窄的人，他见秦王嬴政非常推崇韩非的思想，还专门派人接韩非来秦国。李斯担心韩非来秦被秦王重视，自己的职位也难保，于是下定决心，要陷害韩非。

秦始皇十三年（公元前234年），韩非来到秦都。李斯便以老同学的名义，将他迎到府中，安排宴席款待，并安顿韩非住在秦都上好的客舍中。韩非以为秦王会召见自己，就在客舍中耐心等待。秦王听说韩非来秦都已经很长时间了，可是却没有主动求见自己，就向李斯询问韩非来秦后的近况。李斯答道："韩非这个人恃才傲慢，他不愿见陛下。"秦王不知李斯私下从中阻拦，不由得恼怒万分，下令把韩非下囚入狱，同时要狱卒不要慢待韩非，希望他回心转意。

韩非无端被下狱治罪，入狱之后才明白自己中了李斯笑里藏刀之计。他想为自己辩白，但监狱已被李斯控制，无法与秦王取得联系。不久，李斯派人送毒药给韩非，并附亲笔信一封，信中写道："秦国已决定将客卿全部放逐，当然不会放你回去，自己服药吧！"韩非痛心自己千虑一失，被小人李斯算计，于是饮毒身亡。

韩非是荀子的高足，在师门学习时，就被荀子所器重、偏爱。李斯为此心怀妒忌。后来李斯幸运地成为秦国的宰相，而才高的韩非有雄才而不得贤主，最后被迫离开故土，投奔秦国，偏偏遇到了嫉贤妒能的李斯。韩非很了解李斯的性格，应该有所提防，却被李斯的和蔼外表、热情款待所欺骗。难怪司马迁在写《史记》时，哀叹韩非本是一个能决断事情、明辨是非的人，自己却中了他人"笑里藏刀"的阴谋。

李斯派人给韩非送去毒酒，并附上一封亲笔信。

第十一计 李代桃僵

李代桃僵原意是指以李树代桃树受虫蛀。比喻兄弟间互相爱护，互相帮助。它转用比喻互相顶替或代人受过。即用甲来代替乙，或以劣势的兵力牵制优势的敌人，以便为全局争取时间或提供有利条件。

【原文】

势必有损，损阴以益阳。

【注释】

势必有损：势，局面，局势。损，损失，损害。

损阴以益阳：舍弃某一部分利益，保全大局的利益，从而使全局得到增益。阴，这里是指局部利益；阳，这里是指全局利益。

【译文】

当局势发展到不可控制，损失已不可避免的时候，只有将损失或困难从一方转移到另一方，舍弃局部的利益，才能求得全局更大的增益。

【智慧解读】

此计有以下五种含义：

一、丢车保帅。在象棋中，为了保住帅，宁可丢掉最有攻击力的车。此法在军事、外交、政治、经济和日常生活诸领域无不适用。

二、弃子争先。在围棋中，古人有"逢危须弃"的要诀。弃子从表面上看失去了一些棋子，但有利于占据先机，达到使全盘棋活的目的。此法亦具有普遍适用性。

三、忍痛割爱。壁虎在尾巴被捉时，会猛力挣断尾巴。壁虎断尾肯定是痛苦的，但为了活命，这样做应是值得的。其实人比壁虎更应学会忍痛割爱。

四、抓替罪羊。本来自己有难处，要想方设法把这种难处转嫁到他方去，从而使自己得到解脱。

五、代人受过。在与自己休戚相关的人即将遭难时，自己主动替他承担罪责。

【破解对策】

对李代桃僵之计应采取以下防范对策：

一、非己之过莫要揽。推功揽过虽是一种美德，但如果无原则地承揽别人的过错，很容易被利用，成为别人的挡箭牌、替罪羊。自己的无谓牺牲，反为他人提供了逃之夭夭的机会和条件。

二、不白之冤莫要忍。在自己受到了不白之冤的背后，肯定会有另一个人逍遥法外、幸灾乐祸。如果我们忍受了别人强加在我们身上的罪责，无疑就成了替罪羊。所以一旦发现自己当了替罪羊时，我们一定要奋起抗争，莫要忍耐。

三、是非之地莫要留。别人争斗之地，或别人作案之地，即为是非之地。尤其是别人的作案之地，千万不能逗留，以防有人移花接木，嫁祸于人。总之，不能给别人留有空隙，不能授人以把柄。

三梁进德冠
唐朝时士兵用来保护头部的盔甲。

三彩陶牛车

【用计范例】

赵氏孤儿

春秋时代，晋国奸臣屠岸贾和赵盾一家有仇，屠岸贾就捏造罪名，鼓动晋景公诛杀赵氏全家。

晋国大将韩厥知道了这个阴谋，暗中把这个消息告诉赵盾的儿子赵朔，让他避祸。赵朔不肯，说："事到如今，跑也跑不了。我的妻子庄姬公主是景公的姐姐，现在已有身孕。如你能为我赵家保存一点血脉，我就死而无憾了！"韩厥秘密告诉赵盾的门客程婴，叫他们护送公主进宫。

第二天清早，屠岸贾亲自率兵把赵府围住，将赵氏一家男女老少统统杀掉，检查尸体时发现少了庄姬公主一人。不多久，公主生下一个男孩，给他起名叫赵武。屠岸贾听到这个消息，立即带人进王宫搜索。公主情急之下把孩子藏在裙子里，孩子也懂事似的一声不吭。屠岸贾搜不出什么，认为孩子已被运出宫去了，便到处悬赏缉拿。

赵盾生前有一位忠实的门客叫公孙杵臼，他与程婴商定找一个最近出生的婴儿，冒称是赵氏孤儿。程婴说："我妻子正好刚生下一个男孩，可以代替。"公孙杵臼说："你立即去抱儿子过来，然后去找韩厥将军，把赵氏孤儿设法安置好！"然后公孙杵臼抱着程婴的儿子去了首阳山（今山西省永济县东南），而程婴则去屠岸贾那里告发。屠岸贾在首阳山搜到藏匿的公孙杵臼与婴孩。公孙杵臼被武士揪住，处死了，小孩子也被当场摔死。

韩厥乘机把赵氏孤儿带出宫去，藏在密室里，雇心腹乳母哺养。过了十五年，赵氏孤儿长大了。景公要恢复赵氏声誉，韩厥趁机把冤情经过说出来。景公大怒，杀死了屠岸贾全家。

"赵氏孤儿"堪称"李代桃僵"之计的运用典范。公孙杵臼和程婴为了保留赵家的后代，一个献出了生命，一个献出了儿子，付出了巨大的代价，但他们所表现出来的义胆忠心令人钦佩。

屠岸贾以为公孙杵臼抱的婴孩就是赵氏孤儿，将婴儿摔死在首阳山上。

第十二计 顺手牵羊

顺手牵羊用来比喻顺便拿走人家的东西，或顺势做某件事情，也用以比喻手疾眼快，有借力使力的智能和技巧。军事上是指利用敌方的间隙和薄弱之处，达到加强己方或取胜的目的。

【原文】

微隙在所必乘，微利在所必得。少阴，少阳。

【注释】

微隙、微利：指小的间隙、微小的利益。

少阴，少阳：阴，这里指疏忽、过失。阳，这里指胜利、成就。

【译文】

敌人出现微小的漏洞，必须及时利用；发现微小的利益，也一定要争取到。即使是敌人微小的疏忽、过失，也要利用它来为我方的微小胜利服务。

【智慧解读】

本计主要有三种含义：

一、微隙必乘。即使敌方出现的微小漏洞也必须及时利用。敌我双方进行交战或竞争，事先都要进行周密的计划和部署。一般情况下很少会出现大的漏洞或失误可用，但是在较大的行动中，难免会出现小漏洞或小失误，对此要及时充分地利用它，因为小小的蚁穴，就有毁坏长堤的可能。

二、微利必得。极微小的利益，也要力争获得。把小的胜利积累起来，可以成为大的胜利；把局部的胜利积累起来，可以成为全局的胜利。所以只要是安全的，顺手可得的小利，也不要轻易舍弃。

三、见利宜疾。见到可取之利，要迅速果断地获取。可取之利，特别是顺手可取之利，一般只能存在于特定的时间和环境中，时过境迁，易取之利会成为难取之利，可取之利会变为不可取之利。

【破解对策】

对顺手牵羊之计应采取的防范对策：

一、少出漏洞。敌方之所以能顺利牵羊，主要是利用我方出现的漏洞，如果我方能少出或不出漏洞，那么敌方也就无可乘之机了。事先的周密计划和事中的严密组织都要防止出现漏洞。

二、亡羊补牢。一旦有了漏洞，要立即加以弥补，"亡羊补牢，未为晚也"。如果不及时弥补，那么其余的羊就会全部丢光。因此，一定要尽早知道牢已经破了，羊已经丢了，发现问题后，毫不迟疑地动手补牢，不要存有侥幸心理，懒于动手。

三、小利不弃。如果不属于特殊情况，那么我们也要微利在所必争，无论大利小利都不能轻易放弃，对于乘机取利的人要针锋相对地与之斗争。对于自己的"羊"，要心中有数，要时时看管，不要让它们走失。

四、疑人必防。有些人在牵羊之前，怕人发现，往往要东张西望，鬼鬼祟祟。当发现同我们有利害冲突的人靠近我们的羊群，我们就应该提出警告并严加防备，使之牵羊的企图不能得逞。

金樽戈

匈奴双羊铜饰

【用计范例】

隋文帝灭陈

北周大定元年（公元581年）二月，北周贵族杨坚逼迫周静帝退位，自己当了皇帝，改北周为隋。他就是隋朝的第一个皇帝隋文帝。隋朝建立以后，隋文帝经过几年的励精图治，使隋朝日益发展壮大。他想灭掉位于长江以南的陈国。于是，隋文帝就召集朝中的文武大臣，共同商量灭陈大计。众大臣认为灭陈的时机也成熟了，纷纷表示赞同。隋文帝感到十分高兴。他立即下令出兵江南，同时，指派大臣杨素火速赶造渡江用的战船。

此时，陈国君主陈后主正过着骄奢淫逸、花天酒地的生活。隋朝将领贺若弼按照原定的战略部署，规定凡守备江防的部队，每次调防时，都要在历阳(今安徽省和县)集中，并且遍插旌旗，广搭帐篷，用来迷惑敌人。果然，陈国以为隋军要来进犯，立即调集国内全部兵力严密防御，随时准备迎击。不料隋军始终没有进攻的举动，只不过是守备部队例行调防而已。渐渐地，陈军对隋军的插旗、搭篷这一套做法习以为常，戒备就松懈下来，不久就把调来加强防御的重兵撤回。

开皇九年（公元589年），两支隋军分别由大将贺若弼、韩擒虎率领，悄悄地渡过了长江。然后汇合在一起，攻下了陈国都城建康（今江苏省南京市），陈国灭亡了。隋文帝灭陈就是顺手牵羊之计的成功运用。他在发展国家实力的同时，抓住陈国统治者荒淫无度、疏于国事的机会，轻而易举地灭了陈国。

贺若弼在江边遍插旌旗，广搭帐篷，用来迷惑敌人。

【用计范例】
伯颜顺势除政敌

　　元顺帝元统元年（公元1333年），元顺帝即位，伯颜任中书右丞相，一时权倾朝野。唐其势凭借自己的姐姐是顺帝的皇后，被封为御史大夫。他为人骄横放纵，对伯颜凌驾于自己家族之上忿忿不平。伯颜对唐其势的狂妄和不满早已悉知，因畏惧唐其势家族在朝中的强大势力，只好隐而不发。但他私下里做好了应敌准备。唐其势不甘于居伯颜之下，暗地里加紧夺取皇权的准备。

　　不久高丽诸王晃火帖木儿来信，约请唐其势兄弟里应外合，乘机夺取元朝天下。唐其势等人的谋叛行动不严密，传到了元顺帝的耳朵里。元顺帝召伯颜入宫筹谋，委托他做好防范准备。伯颜接到命令后，迅速布置亲信兵将，加强皇宫守卫，同时派人监视唐其势的行动。

　　双方开战后，唐其势命令手下亲兵杀开一条血路。正在厮杀酣战时，伯颜大声布告："凡生擒唐其势者赏万金！"禁兵、武士在重赏之下，人人持械向前。唐其势被禁兵从马上一矛击中，倒在地下。兵士一拥而上，紧紧缚住。唐其势的弟弟也被生擒。元顺帝立即谕令："两人罪行已经昭明，不必审讯，按律处置。"伯颜见皇帝有旨，立即命禁兵把两人推出门外斩首。伯颜明白，自己手刃皇后两弟，政敌虽除，皇后对自己终究是个隐患，于是奏明元顺帝："皇后的兄弟大逆不轨，皇后罪在不赦。"然后，伯颜又奏请顺帝，凡是唐其势的亲信势力均罢免去职。这样，伯颜利用元顺帝对唐家的不满，运用顺手牵羊之计除去了自己的政敌。

唐其势从马上掉下来，被士兵们抓住。

第三套 攻战计

第三套为攻战计，是专门用于筹划谋攻的。"谋攻"即谋划如何主动进攻敌人，战胜敌人。"上兵伐谋，其次伐交，其次伐兵，最下攻城。"这就是孙子的谋攻策略四部曲。进攻与防御是一对矛盾，相反相成。用此谋略最重要的前提是，只有知己知彼，才能百战百胜。

- ◎第十三计　打草惊蛇　　◎第十四计　借尸还魂
- ◎第十五计　调虎离山　　◎第十六计　欲擒故纵
- ◎第十七计　抛砖引玉　　◎第十八计　擒贼擒王

第十三计 打草惊蛇

打草惊蛇原意是蛇在草丛中，草被搅动，蛇便受惊而走。比喻甲乙事情相关，甲受到打击侵扰，就使乙感到惊慌。后用以比喻做事不机密，使对方知道了自己的意图而有所戒备。

【原文】

疑以叩实，察而后动。复者，阴之谋也。

【注释】

叩实：把事情问清楚，查明真相。叩，询问，查究。

复：反复，一次又一次地。

阴：此指某些隐藏着的、暂时尚不明显或未暴露的事情、情况。

谋：计谋。

阴之谋：隐秘的计谋。

【译文】

真相不明就应查实，洞察了实情之后再采取行动；反复侦察，是实施隐秘计谋所必需的。

【智慧解读】

本计有以下三种含义：

一、打草惊出蛇。这是一种间接的侦察方法，也叫投石问路，引蛇出洞。前方的道路情况不明，可能有蛇隐伏，如果贸然踏过去，风险很大。通过打草或投石发出声响，敌人必定做出反应，结果便自己暴露了自己，这样对方才好"观彼动静而后举焉"。火力侦察，先行试点等都属此类。引蛇出洞的目的可以是借此了解蛇的位置与力量，了解蛇的意图、动向，便于躲避，也可以把蛇引出来，便于消灭。

蟠蛇纹剑鞘

二、打草惊走蛇。这是一种间接驱赶的方法。为了在行路的过程中不致被蛇所袭击，需要把

东晋羽人御龙金饰

伏在路上的蛇赶跑，通过打路边的草来吓跑草丛中的蛇，是一种有效而无危险的策略。在不便或不愿与敌人直接接触，并且只需将其赶跑的时候，可使用这种间接驱赶的方法。

三、打草惊醒蛇。这是一种间接警告的方法。如果甲受到打击惩处，会使乙感到惊慌的话，那么我们就采用打击甲来警告乙的策略。这和我们平常所说的"杀鸡给猴看"是同一个道理。

【破解对策】

要防止敌人用打草惊蛇之计来诱骗我们上当。其对策如下：

一、要静不露机。在我们隐藏的时候，要十分隐蔽和巧妙，不能让敌人发现一点可疑的痕迹，更不能让敌人了解到我们的意图。隐藏埋伏时，不能自我暴露，要静静地等待出击的时机。

二、不要被敌人的虚张声势所惑。在敌人已发现我们时，要立即做出反应，切不可迟误；在敌人虚张声势时，要沉得住气，切不可盲目出击。

三、要留有退路。俗话说"狡兔三窟"，人更应留有退路。在敌人打草之时，防止因牵连而暴露目标，应该主动地、隐蔽地退走。在退走之前，怎样退？从哪里退？退到哪里？这些事先都要谋划好，做到心中有数，处乱不惊。

【用计范例】

徐庶试马识人

东汉末年，徐庶是有名的谋士，可与当时的诸葛亮齐名。徐庶在寻求报效的人主时，听人们说刘备高尚贤达，是一位爱惜人才的贤明之主，很想投靠他。但他从未和刘备正面接触过，便想当面试探一下刘备的人品，但这种试探还不能让刘备察觉出来。

于是，徐庶头戴葛巾，脚穿草鞋，在大街上一路高歌，故意引起刘备的注意。刘备听他唱道："天地剧变啊，赤火将灭；大厦将倾啊，独木难支；山谷有贤啊，欲投明主；明主求贤啊，却不识我。"刘备认为他可能是位高人，便把他请到府中，奉为上宾。

有一天，刘备正在欣赏自己的坐骑——的卢马。他便走上前去，很恭敬地对刘备说："我以前学过一点相马之术，让我来看一下您的马。"于是，刘备命人牵着他的战马在徐庶的面前走了几趟。忽然，徐庶故作惊讶地说："您的马虽是一匹千里马，但将来却要伤害主人的，不能骑啊！"刘备听了，却毫不在意地笑着说："生死有命，与马有什么关系？何况这匹马还曾经救过我。"

徐庶听罢微笑道："但这匹马终有一天会伤害主人。您可以把这匹马先送给您所痛恨的人，等到伤害了他之后，您再骑它，就不会有事了。"刘备一听此言，大为不满，说道："我希望先生能告诉我大道理，而您现在却教我害人的事情，我实在不敢领教。"徐庶一听此话，连忙向刘备赔礼道："我一直听人说您是仁德之人，但一直不敢相信。今天特意用这番话来试探您，果然不错。"从此以后，徐庶全心全意地辅佐刘备。

徐庶在不了解刘备真实人品的情况下，采用明试马而暗探人的手段，诱使其情急之中暴露真实品德。他所运用的就是"打草惊蛇"之计。

徐庶对刘备说的卢马会害主，刘备却满不在乎。

第十四计 借尸还魂

借尸还魂是指人死后，将灵魂（旧时迷信的说法，指能离开肉体而存在的精神）附于他人尸体而复活。现比喻已经没落或死亡的事物借助别的事物，又以另一种形式出现。在军事上指善于利用一切可以利用的事物，来实现自己的军事意图。

【原文】

有用者，不可借；不能用者，求借。借不能用者而用之，匪我求童蒙，童蒙求我。

【注释】

有用者，不可借：凡自身可以有所作为的人，就不会甘愿受别人利用。

【译文】

凡是自身能有所作为的人，往往难以驾驭和控制，因而不能为我所用；凡是自身不能有作为的人，往往需要依赖别人，因而就有可能为我所用。将自身不能有作为的人加以控制和利用，这其中的道理，正与幼稚蒙昧之人需要求助于足智多谋的人，而不是足智多谋的人需要求助于幼稚蒙昧的人一样。

【智慧解读】

本计有以下三层含义：

一、东山再起。某一力量失败之后有两种情况：一种是一蹶不振，自暴自弃；另一种是永不认输，寻找机会，东山再起。本计就属于后一种。在失败时能保持清醒的头脑，冷静地进行分析，准确地作出判断，不惜一切代价，积极主动地转败为胜。

玉辟邪

二、借形借力。若要东山再起，关键在于会"借"。自己的力量不足以转败为胜，就要借助一切可利用的力量，以壮大自己的力量；争取一切可利用的机会，以增加取胜的可能；借用一切可用的形式，以实现自己的意图。另外也可假借他人的名义，推行自己的战略计划。

三、无用之用。借形、借力一般不借有能力、有作为的，因为它们难以驾驭和控制，而应借用那些无能力、无作为的，因为它们既容易驾驭和控制，又不易引起敌人的注意。无用之用，即利用那些所谓无用的东西加以利用。

【破解对策】

对借尸还魂之计应采取如下防范对策：

一、斩草要除根。如果不将野草连根拔掉，它就会"春风吹又生"；对敌人只是打伤，而不是消灭，他就会在养好了创伤之后，卷土重来。所以，我们切不可像孙悟空打白骨精那样，让其弃尸而逃，留下祸根，一再借尸还魂。

二、弃尸要深埋。我们有时也要抛弃一些东西，这些对我们暂时无用的东西，很可能成为以后敌人还魂时所借之"尸"。为了不使敌人有"尸"可借，我们就应注意将可能被借的东西，深埋或隐藏起来，使敌人无机可乘。

三、由表要及里。若敌人已经借到"尸"，并已还其"魂"的话，我们就应该及时识破，揭露其真实的面目。这就需要我们透过现象看本质，由表及里地进行分析判断，以防上当受骗。

四、不为他人做嫁衣。一旦发现被人利用，应立刻终止，防止损失的进一步扩大。

【用计范例】

死诸葛吓跑活司马

建兴十二年（公元234年），蜀国丞相诸葛亮第六次出兵攻魏。他把军队驻扎在五丈原（今陕西省眉县西南），每天派人到魏军寨前叫阵。魏国大将司马懿却坚守不出。原来，司马懿听说诸葛亮饮食少而日夜操劳，心想：照这样下去，诸葛亮会不久于人世。我现在只需坚守备战，等诸葛亮的死讯传出，好马上出战。

果然，诸葛亮因积劳成疾，病死在营中。蜀军将士悲痛万分，想立即为丞相发丧。但诸葛亮的得力助手杨仪按照诸葛亮传授的计谋，先把诸葛亮殡殓入棺，然后率领蜀军起程返回汉中，并不给诸葛亮发丧。

第二天清晨，司马懿听说诸葛亮已死，蜀军已撤，立即率领大军前去追击蜀军。半路上，他登上一座小山眺望远处的蜀军。只见蜀军阵容齐整，犹如诸葛亮在世时那样。司马懿顿时怀疑诸葛亮没有死，可能这是诱兵之计。忽然，只听一声炮响，蜀军立即停止前进，像是准备掉头迎击随之而来的魏军。此时，树林之中闪现出蜀军帅旗，帅旗下有一辆小车，车上端坐之人正是据传已死的诸葛亮。蜀将姜维在后面喊："你中了我丞相的计了。"

司马懿吓得魂飞魄散，回马就逃。蜀军也马上起程回师。到达安全地带后，蜀军才为诸葛亮发丧。直到这时，司马懿才相信诸葛亮真的死了，车上坐的诸葛亮只是木头人而已。司马懿叹道："杨仪用兵大有诸葛亮遗风，死诸葛亮借杨仪之身还了魂。我上了'借尸还魂'的当了。"

司马懿见诸葛亮端坐在车上，吓得魂飞魄散。

第十五计 调虎离山

调虎离山是指设法使老虎离开它所占据的深山，以便于捕获。比喻用计谋使对方离开原来的有利地势，以便乘机进攻。在军事上指引诱敌人远离其作战的据点，在其没有任何凭借的不利条件下与之进行决战。

【原文】

待天以困之，用人以诱之。往蹇来返。

【注释】

待天以困之：期待不利的客观条件去困扰它。天，指天时、地利等客观条件。困，作动词用，使困扰、困乏。

往蹇来返：去时艰难，来时美好。"蹇"，有难的意思。返，犹反，广大美好貌。

【译文】

利用不利的天时、地理条件困扰敌人，用人为的方法诱惑敌人。主动进攻有危险，诱敌来攻则有利。

【智慧解读】

调虎离山之计包含以下三种含义：

一、调虎落平原。虎的威风一是来自于它自身的凶猛，二是来自于它所盘踞的山势。而山势是它赖以生存和施展威力的必不可少的重要条件。俗话说"虎落平原被犬欺"。在深山里，犬当然不是虎的对手，但平原则是犬的天下。在犬的势力范围内，虎失去了凭借，只得被犬欺负。所以调虎离山，要将其从最有利的环境中，诱入到最不利的环境中。

二、调虎分其势。虎为百兽之王，亦是最强大的敌人。如果不顾条件地与之硬拼，是会遭受失败的。如果把老虎诱离深山，使其势单力孤，就可大大分散、减弱虎势。这时再来降虎，就容易多了。

五代邢窑狮

三、调虎占其山。如果我们为了占领虎山，但虎山又有虎守护，我们一时攻打不下，可设法把虎引开，使山空虚，我们便可乘虚而入，一举拿下虎山。待虎发觉之后，我们已占据了有利的位置。

汉玉雕仙人骑天马

【破解对策】

对调虎离山之计，应采取以下防范对策：

一、利用条件，但不要过分依赖。不能充分巧妙利用客观条件，就等于拱手把胜利让给敌人；但是过分依赖客观条件，把希望全部都维系于某一客观条件上，也会危如累卵，经不起风险。一旦离开这一条件，将必败无疑。

二、先得地利，不要轻易放弃。如果我们已经抢先占有地利，而使敌人处于不利的地位时，就不要轻易放弃这一优势，而应千方百计诱使敌人来我们这里决战，而不能性急浮躁，轻易离开。要"先为不可胜，以待敌之可胜"，才能"立于不败之地"。在这里，经得住诱惑是关键。

三、留有归路，不要离山太远。如果需要出击时，要事先规划好归山之路，不要出得去，回不来。另外离开山林不要太远，万一有问题也可及时回救。总之，要把根据地、大本营保护好。

朱绘兽耳陶壶
该陶壶的两侧各绘有一只猛兽。

【用计范例】

伍子胥调虎离山除强敌

春秋后期，吴国的公子光（即后来的吴王阖闾）早就想除掉吴王僚，由自己取而代之，实现霸业。但是因吴王僚的三个儿子掩余、烛庸和庆忌，个个骁勇剽悍，时刻都在吴王僚身边保驾，使刺客难以下手。公子光只能暗自着急。

这时，楚国的伍子胥因为受到楚平王的追杀逃到了吴国。他足智多谋，不但看出了公子光的心思，而且暗中活动，打算帮助他。此时，从楚国传来楚平王去世的消息，楚国的政局动荡不安。于是伍子胥便对公子光说："现在，楚平王已死，楚国大乱。如果你向吴王僚建议向楚国发动进攻，吴王僚一定会同意。同时你借口自己的脚被扭伤了，再建议吴王僚派他的儿子掩余和烛庸带兵前往。然后，你再建议派他的另一个儿子庆忌出使郑国和卫国，游说郑卫一起参加伐楚。这样一来，可以去掉吴王僚的左膀右臂，剩下他一个人，就容易对付了。"吴王僚果然听信了公子光的建议。没过多久，掩余和烛庸就率领吴军趾高气扬地出发了。随后庆忌也踏上了出使郑国的路程。公子光认准这个机会，请勇士专诸刺杀了吴王僚，自己很快就登基为王。吴王僚的三个儿子只好亡命他国。

吴王僚同他的三个儿子在一起时，人多势众，就好像是四只猛虎。伍子胥用"调虎离山"计，以"伐楚"之名为由，将三只"老虎"调走，使"虎王"势力大减。公子光则趁机登上王位。

掩余和烛庸率领大军攻打楚国，却不知已中了伍子胥的调虎离山之计。

第十六计 欲擒故纵

欲擒故纵是指为了要擒住某种东西，暂且先放开它，使它不加戒备。比喻为了更好地控制某物，暂且放松一步。军事上指要想使敌军失去战斗力，彻底被瓦解，必须示以一线生路，以便造成更有利于我方的战机。

【原文】

逼则反兵，走则减势。紧随勿迫，累其气力，消其斗志，散而后擒，兵不血刃。"需，有孚，光。"

【注释】

需，有孚，光：语出《易·需》。需卦的下卦为乾为天，上卦为坎为水，是降雨在即之象。

【译文】

逼得敌军太紧，对方就会回师反扑。如果让敌军逃跑，就可以削减其气势。追击敌人，只需紧随其后而不要过于靠近它，以消耗其体力，瓦解其斗志；待其斗志散漫时再捕捉它，就可以避免流血。这与《周易》需卦卦辞中"虽然刚健，但前面有险阻，不可贸然前进，应当等待，只要有信心，最后前途一片光明，可以亨通"的道理是一致的。

青铜长剑
这是战国时的兵器，实用而锋利。

将其攻破。

三、放长线钓大鱼。所谓的放长线、钓大鱼，是大鱼都在水深浪急之处，要舍得投以长线、大饵才行，浅处只有小鱼小虾。对待敌人也是这样，我们可以放纵他，使其积累更多的错误，我们处理它就更加容易了。

【破解对策】

对欲擒故纵之计应采取如下防范对策：

一、及时脱离险境。我们一旦发现自己已经处于被动地位，有被敌人包围的危险时，就应及时脱离险境，主动撤退，远离是非之地。如果我们继续恋战，敌人密密层层地包围上来，那时我们想走就困难了。

二、时刻保持警惕。如发现敌人是要消磨我们的斗志，让我们放松警惕，那我们一定要识破敌人的阴谋，伺机突然袭击，打它个措手不及。所以我们无论何时何地，都要始终保持高度的警惕性和旺盛的斗志，不因敌人的暂时放松而麻痹大意，给敌人造成可乘之机。

鎏金捧真身菩萨

【智慧解读】

运用此计时要铭记以下三点：

一、跑累了再抓。在敌人觉得有一线生还的希望时，它就会拼命地逃走。在惊慌恐惧中拼命逃跑，既是体力上的消耗，也是精神上的消耗，这时他也就丧失了反抗能力，我们便可手到擒来。

二、吹大了再扎。要想把皮球扎破，放掉里面的气，可以先向皮球里吹气，等皮球鼓大时再来扎它，就更容易了。由于皮球变薄，有时还会自己破裂，不需别人费力。对待敌人也是这样，有时我们故意退让，骄纵敌人，使其自我膨胀，士气松懈，丧失警惕，我们便可轻而易举地

三、尽快重整旗鼓。受到挫折不能灰心丧气，消极逃遁，因为这还不是最终的胜负。要反过来利用敌人放纵我们的机会，尽快重整旗鼓，恢复和壮大自己的力量，或选择有利的地势来对抗敌人。

【用计范例】

晏子的欲擒故纵术

春秋时，齐景公派晏子去治理东阿（今山东省阳谷县东北）。三年后，有人向景公说晏子的坏话，景公十分不悦，于是召晏子入朝，想罢掉他的官职。晏子恳切地说："我已经知道错了，我请求您让我再治理东阿三年，到那时如果还没有人说我的好话，您再罢我的官也不迟。"景公答应了晏子的请求，又派他去治理东阿。

三年又过去了，人们果然说了晏子不少好话。这下景公很高兴，又召晏子入朝，要重重地奖赏他。晏子却走上前来施礼说："您的奖赏臣受之有愧，我是来向您领罚的。"景公听了大吃一惊，忙问其故。晏子回答说："前三年我到东阿，让人修筑道路，出钱出力者责怪我；我力主节俭勤劳，惩治作奸犯科的人，懒汉刁民怨恨我；权贵横行乡里，仗势欺人，我不宽恕，他们就忌恨我；周围的人求我办事，我不答应，他们就反对我；于是您就听到别人说我的坏话。后三年我改变了做法：我不让人修路，有钱有力的人开心了；我轻视节俭勤劳，姑息犯罪的人、懒汉刁民高兴了；权贵为所欲为，我装作不知，他们对我十分满意；周围的人求我办事，我有求必应，甚至不惜假公济私，他们对我赞不绝口。于是，关于我的好话就传到了您的耳中。现在您要封赏我，我认为应该惩罚我。这就是我不能接受您的封赏的原因。"景公至此才恍然大悟，知道晏子是一个贤臣，就把治理国家的重任交给他。只用了三年时间，晏子就使齐国实力大增，跻身于强国之列。

晏子为了达到劝服景公的目的，宁肯做违反自己原则的事，用后三年的不贤反衬前三年的贤良，这种欲擒故纵的策略终于使晏子赢得了景公的信任。晏子非常清楚"众口铄金，积毁销骨"的道理，单凭自己一人之力，自然难敌百人之口。不如先顺众人之意，然后指出其害，明君自然会容易接受真相。晏子的欲擒故纵术的运用是成功的，他不仅为自己洗脱了罪名，还达到了劝谏齐景公的目的。晏子不愧是一个智者。

齐景公要奖赏晏子，而晏子却说自己有罪，齐景公大为吃惊。

第十七计 抛砖引玉

抛砖引玉是指抛出不值钱的砖,引来极珍贵的玉。比喻为了引出同道者的高论或文艺珍品,自己首先提出肤浅见识或拿出粗糙作品。军事上常指主动给敌人一点小的好处,使敌人上钩,借此获取大的胜利。

【原文】
类以诱之,击蒙也。

【注释】
类以:用相类似的东西来。类:同类。

击蒙:语出《易·蒙》上九爻辞:"击蒙,不利为寇,利御寇。蒙卦的卦象为坎下艮上。大意是:上九爻以阳刚之象居于前五爻之上,所以能给蒙昧者以开导、启迪。为盗寇之人,自然属于蒙昧者之列,所以,如果占卦时占到本爻,则对为盗寇者不利,而对防御盗寇者有利。击,打击;蒙,蒙昧。

【译文】
用相类似的东西来诱惑敌人,乘其迷惑、懵懂之时去打击他。

【智慧解读】
本计有如下三种含义:

一、以小引大。我们先拿出较小的、一般的东西,用来做示范和暗示,有目的地诱使对方拿出较大的、有价值的东西来,这种以一事物带动或引诱出另一事物的方法即为以小引大法。除了以小引大外,也可以少引多、以薄引厚等。即我们的一个示范,引出其他人的效仿。

二、以小易大。即用小的代价,换取大的收获。以小引大与以小易大的主要区别在于:以小引大中,小的引出大的来之后,小的并不一定就损失了,大的小的可以共得。以小易大则不同了,它是用小的换取大的,大的收取之后,小的就已付出了,一般无法收回。这是"吃小

亏,占大便宜"。

三、以小抵大。用小的东西来抵消大的东西,使小的东西与大的东西同归于尽。我们抛出了砖,引诱敌人抛出玉,我们损失的是砖,而敌人损失的却是玉。以小抵大与以小引大的不同点在于,前者是用小的引来大的,后者是用小的引走大的。

五代龙纹白玉带

【破解对策】
对抛砖引玉之计可采取如下防范对策:

一、不要愚而不知变。在与敌人作战时,如果我方愚钝而不知机动权变,就会被人诱骗。所以一切要以时间、地点、条件为转移,就是说作战的方向、方针、策略等都要根据敌情的变化而变化。

二、不要贪图小利。顺手牵羊之计主张小利必得,小隙必乘,但其只是在敌人无力控制的范围内适用。如果在敌人防守严密,控制有力的区域内,见到微利或微隙,则要研究其是否为诱饵。所以在取利之前要分析利弊得失。

三国时期五铢钱

三、不要受人蛊惑。易受暗示和从众心理,是抛砖引玉的心理基础。遇事要有自己的主见,认为该做的事,别人阻止不了;认为不该做的事,别人也劝不成。不要受人蛊惑,防止别人用砖引走我方的玉。

唐白玉凤形佩

【用计范例】
秦国抛"金"诱蜀

战国时期，秦惠文王见与自己相邻的蜀国非常富庶，便想据为己有。无奈蜀国山高路险，道路难行。他经过左思右想，设计了一条抛"金"砖夺蜀地的妙计。

首先，秦惠文王通过多方打探得知，蜀国有五个大力士，俱有神力。于是，秦惠文王便命人用生铁铸造成五头大铁牛，放在秦蜀两国交界的地方，且派人四处扬言：此铁牛乃是天降神牛，每天能拉出五斗金矢（屎），且天天不断，借以招引蜀侯的贪欲与获取之心。

然后，秦惠文王根据得到的蜀国情报，估算出蜀侯在秦蜀边境打猎的时间。然后，他装作偶然与蜀侯相遇，便向蜀侯谈及铁牛之事，并当场送给蜀侯许多金子，说这是神牛所遗。蜀侯见到这么多金子，羡慕不已，送了一块蜀国的国土作为回馈秦惠文王的礼物，并请秦惠文王将五头铁牛送给蜀国。秦惠文王佯装慷慨大方的样子，表示愿将五头铁牛送给蜀侯，但要求蜀侯自己派人来边界搬取铁牛。蜀侯一听，真是喜出望外，连连答应。

蜀侯回国之后，立即指派五个大力士开通通往秦国边界的道路，取回五头铁牛。这五位大力士历尽艰险，终于带人开通了从蜀国首都通往秦国边界的道路，并将铁牛搬回了蜀国。可是，他们还没来得及高兴，诡计多端的秦惠文王已派军队沿着搬运铁牛的道路进军，打到了蜀国，夺占了蜀国的首都，活捉了蜀侯。秦惠文王不但将铁牛与金子全部收回，还将蜀地划为自己的属地。

秦惠文王抛出铁牛之"砖"，引出了蜀国的土地之"玉"，他是这场战争的最大赢家。

蜀侯见秦惠文王送给自己很多的金子，非常高兴，却不知已中了秦惠文王的抛砖引玉之计。

第十八计 擒贼擒王

擒贼擒王是指抓贼要先抓住贼中的首恶分子,比喻做事要先抓住关键,抓人要先抓住或处治主要人物。军事上指首先歼灭敌人的主力或主要的指挥人员,借此影响并动摇敌人的军心,使敌军彻底失败。

【原文】

摧其坚,夺其魁,以解其体。龙战于野,其道穷也。

【注释】

龙战于野,其道穷也:语出《易·坤·上六象辞》。坤,卦是坤上坤下,为纯阴之象。上六爻是本卦的最终爻,为纯阴发展到极盛阶段之象。按照朱熹《周易本义》的解释是:"阴盛之极,至与阳争。"按照《周易》物极必反的矛盾转化思想,上六爻表示纯阴已发展到极盛,故必然向阳转化。野,郊野。道,道路。道穷,无路可走。

【译文】

击溃敌人的主力,抓获其首领,便可瓦解其全军。这好比群龙战于郊野,无首,必然陷于穷途末路。

【智慧解读】

本计有如下三种含义:

一、击中要害。俗话说"打蛇要打七寸"。为什么要打七寸呢?因为此处是蛇的心脏所在地,打坏了蛇的心脏,蛇自然就会死去。否则,即使把蛇斩为两段,它仍然有反扑的能力。事物也存在这样的关键和要害部位,抓住了关键和要害,就会取得事半功倍的效果。

君之信印玺及印文
印玺是权力的象征。如果国君丢失印玺,则王位不保。

二、夺其魁首。俗话说:"人无头不走,鸟无翼不飞。"如果一个组织失去了起这种作用的首领,则会"树倒猢狲散"。有时抓住其首领,可以

隋代青瓷鼠、牛、猴俑

震慑其余。所以在攻击一个组织时,要首先抓其魁首,进而捣毁其组织,破坏其系统。

三、提纲挈领。善于张网的人,总是抓住网的总纲绳,而不去一一地拿取成千上万个网目;提挈皮衣要提领子,提着领子上下一抖,就可以将所有的毛都理顺,而用不着一根一根地去梳理,这就是提纲挈领的妙处。

【破解对策】

对擒贼擒王之计,应采取如下防范对策:

一、重点防护。对敌人的进攻要小心防范,但不可能处处防范,所谓:"无所不备则无所不寡。"因此要把防范的重点放在"王"的身上。

二、要有后备。在工程技术中有一种"多余技术",它是为了保证机器正常运转,而事先安装的、暂时不用的备用部件。一旦某些关键易损件突然失效,备用部件会自动顶替。我们在竞争中也要有这样的准备:一个"王"不幸被擒,另一个新"王"立即产生;某一主力损失,第二、第三梯队立即跟上。我们的组织始终完整,敌人便无可乘之机。

三、意志要坚。敌人的糖衣炮弹,往往只能在意志薄弱者的身上起作用。如果我们有坚强的意志,做到"富贵不能淫""酒色不能乱",就可以有效地战胜敌人,粉碎敌人擒王的阴谋。

【用计范例】

陈玄礼锄奸服众

唐朝时候，唐玄宗李隆基在他统治的后期耽于享乐，不理朝政，使唐朝的国政逐渐由宠妃杨贵妃之兄杨国忠把持。杨国忠专权误国，放任边地将领拥兵自重，最后酿成"安史之乱"。

唐玄宗天宝十四年（公元755年），三镇节度使安禄山和另一名叛将史思明打着诛杀杨国忠的名号，在范阳（今河北省涿县）起兵反唐，史称"安史之乱"。安史之乱爆发后，杨国忠提议到四川避难，唐玄宗无可奈何，命龙武大将军陈玄礼整备六军，准备出发。黎明时分，唐玄宗和杨贵妃姐妹以及众多皇亲国戚一同出发。

队伍走到马嵬驿(今陕西省兴平市)时，众将士由于饥饿、疲劳，个个怨愤，不肯向前。陈玄礼看到这种情况，认为此祸是由杨国忠一手造成的，只有杀掉杨国忠，才能稳定军心。他让军士大呼道："杨国忠祸国殃民，杀了他！"众人杀了杨国忠，并用枪挑着他的头悬挂在驿站外；与此同时还杀了杨贵妃的姐妹。唐玄宗听到外面喧哗，出门慰劳军士，命令他们集合回营，众军士不听。陈玄礼代士兵进言说："杨国忠谋反，贵妃身为杨国忠的妹妹，也不宜再侍奉左右，希望陛下割断恩爱，将贵妃就地正法。"唐玄宗说道："贵妃常年居住深宫，哪里知道杨国忠造反的阴谋？"这时，太监高力士说道："贵妃娘娘实在没有罪过，但是将士已经将杨国忠杀死，而贵妃仍在陛下身边，他们怎能心安理得呢？"唐玄宗见事已至此，只好赐杨贵妃用白绫自尽。三军将士见状，齐声欢呼万岁，重整队伍前进。

在这场关系唐王朝生死存亡的激烈政治斗争中，陈玄礼认识到杨国忠兄妹及其同伙是作威作福的贼，而杨贵妃为贼王，便向皇上兵谏，快速、果断、干净地诛杀了贼王。这是先识其贼，再导势，最后诛贼王的成功范例。

唐玄宗忍痛赐杨贵妃死。

【用计范例】

吴王诈病擒政敌

五代十国时期，吴王杨行密建国称帝。朱延寿、安仁义是吴王的得力战将，更是朝中的权臣。但此二人自恃功高权重，一向怀有政治野心，手下聚集了一大帮党羽。吴王对此早有觉察，决定施用擒贼擒王之计，伺机将这两个政治上的心腹大患一举除掉。

于是，吴王诡称眼睛有恶疾，朱延寿听到了这个消息，担心其中有诈，便让自己的夫人前去打探动静。吴王明白她的来意，便提前布置好伏兵。

朱延寿的夫人进来以后，他装作因眼病而将一切东西都看错了，硬把水壶说成是水杯。然后，他站起身子往前走，故意撞在宫殿的柱子上，摔倒在地。这时，吴王伏在地上，佯装哭泣着说："朕虽然立国之大业已成，然而却双目失明，这是上天让我成为废人啊！我的儿子都碌碌无为，如果能让朱延寿这位有本领、有功劳的大臣来接替我的位置的话，那么吴国的江山可保，我也就没什么遗憾了。"朱夫人听了这话便信以为真，万般感激，又将朱延寿亲自召来，要他面听吴王的传位诏谕。然而，当朱延寿刚走进吴王的寝殿之门时，吴王事先埋伏好的士兵便冲杀出来，刺杀了他。消灭了朱延寿后，吴王随即又迅速将安仁义擒住，斩首示众。吴王一举杀死了想反叛作乱的两个"贼王"，其余的叛贼没有人来领导，再也不敢生事了，乖乖地向吴王臣服。

吴王为了消灭企图反叛的政敌，先向政敌的首领示病、示弱、示虚位、示信任，然后将其诱入宫，加以歼灭。这样一来，其余的叛贼就成了无头的苍蝇，不战自败。这个过程运用的就是"擒贼先擒王"的计谋。他的成功之处在于借眼疾做幌子，进而麻痹"贼王"，引诱"贼王"，生擒"贼王"，斩杀"贼王"。

杨行密假装眼疾撞在柱子上，伏在地上哭泣。

第四套 混战计

第四套为混战计，是指在战争局面处于混乱的情况下所施行的策略。混乱可以掩盖真实的状况，同时也能制造虚假的表象。动为阳，静为阴；乱为阳，治为阴；攻为阳，守为阴。所以镇定和秩序，是乱中取胜的诀窍；进退有据，乃混战求胜之根本。

◎第十九计　釜底抽薪　　◎第二十计　浑水摸鱼
◎第二十一计　金蝉脱壳　◎第二十二计　关门捉贼
◎第二十三计　远交近攻　◎第二十四计　假道伐虢

第十九计 釜底抽薪

釜底抽薪是指用在锅底下抽去柴火的办法,来止住锅内的沸水。比喻从根本上解决问题,也指暗中进行破坏。在军事上一般指不靠同敌人直接交战,而是切断敌人的供给来源,破坏敌人所依靠的有利条件,或瓦解敌人士气的办法来战胜敌人。

【原文】

不敌其力,而消其势,兑下乾上之象。

【注释】

兑下乾上之象:兑下乾上为《周易》六十四卦的履卦。兑为泽,为阴柔之象;乾为天,为阳刚之象。整个卦象为阴胜阳,柔克刚。其卦辞为:"履虎尾,不咥人,亨。"履:小心蹑足前进。咥:咬。亨:通达顺利。其寓意是:虎为凶猛阳刚之兽,但只要以阴柔克之,小心谨慎行事,即使踩着了虎的尾巴,它也不会咬人。此处借用此卦,意在说明,遇到强敌,不要去与之硬碰,而要用阴柔的方法去消灭其刚猛之气,然后设法制服他。

【译文】

不要迎着敌人的猛劲去与之硬拼,而要设法削弱敌方的气势,采取以柔克刚的策略制服他。

【智慧解读】

本计有如下三种含义:

一、先治其本。事物都有"标"和"本"两方面,所谓的"标"就是事物的枝节或表面,"本"就是事物的根本、根源。一般的问题都是从"标"上反映出来,但是最终的原因都在其"本"上。所以要解决问题不能治标不治本,而应先治本而后治标。

二、去其所恃。世界上的事物都是互相联系,互相影响,互相依存的。一事物必须借助于另一事物才能生存和发展,那么后者便是前者的必要条件。所以我们破坏敌人赖以存在的必要条件,也能达到削弱或战胜敌人的目的。

三、攻心夺气。古人说:"夫战,勇气也。"这话是讲"士气"的重要性。士气和态势不是实力本身,但它对实力有放大和缩小的作用。在我们暂时不能抵挡敌人的实力时,可以转而攻心夺气,使其气虚,心乱,势消,借此减弱敌人的实力。

【破解对策】

对釜底抽薪之计,应采取以下防范对策:

一、薪要多积。柴草要积得多一些,才能保证釜底之火连续不断地烧下去。一旦釜底之薪被抽走,也有可再加之柴。不然,所备的积薪少,即使不被抽走,也会因柴草接济不上而自消自灭。在实践过程中,就是要多准备几套方案,才能有备无患。

二、柴要再加。柴被抽出后,不能自暴自弃,消极等待。所谓"亡羊补牢,未为晚矣"。即使汤已止沸,拾起柴草,重新烧开,也仍可以扭转被动局面。甚至在锅灶被毁时,也可于别处另起锅灶,总之不要轻易认输。

三、灶要严守。如果已经认识到了锅下之火对锅上之汤的重要性,对锅灶就应严密防守。不能轻易让敌人靠近,在敌人动手抽薪之前,就将其打跑。或者至少在薪被抽走时,能立即发现,并及时采取相应的措施,不使损失过大。

【用计范例】

文彦博釜底抽薪平市场风波

宋仁宗时期，几种钱币同时流通，国家难以控制市场。有一段时间，老百姓中流传着一种谣言，说朝廷要罢掉陕西铁钱，统一钱币。那时，陕西铁钱不仅在陕西，连京都及周围一带都十分通行，存这种钱的大有人在。大家听说辛辛苦苦挣来的血汗钱就要废了，纷纷拿铁钱到店铺中抢购货物。店铺老板却挂出牌子：不收陕西铁钱。一时间，市场大乱，人心浮动，危及治安。

消息马上传到朝廷，宋仁宗大为恼火，立即派出宰相文彦博迅速处理此事。有人建议文彦博下令辟谣，可文彦博深深知道：老百姓看重的是实利，而不是一纸公文。想到这里，一条妙计油然而生。文彦博让管家找来京城中最大的绸缎铺主，托他代卖家中的丝绸，并特别叮嘱：不要其他的钱，只收陕西铁钱。店主照办，第一天绸缎铺的门简直都被挤破了。别的店主见丞相都要陕西铁钱，认为陕西铁钱是不会被废止了，也收起了陕西铁钱。消息传扬出去，老百姓都放下心来，不再急着脱手陕西铁钱。一场市场动乱就让文彦博以"釜底抽薪"之计平定了下来。文彦博作为丞相，深知经济对于国家安定的重要性。他以亲自使用铁钱为实例，从根本上消去了众人的顾虑，可谓干脆果断，立竿见影。

在绸缎铺的门口，挤满了手拿陕西铁钱的老百姓。

第二十计 浑水摸鱼

浑水摸鱼是指把水搅浑，在鱼晕头转向之时，乘机把鱼捉来。比喻趁混乱时机捞取好处。在军事上指利用敌人之间混乱、互相攻战的时机，乘机将尚犹豫不决的弱小敌人捉取过来。

【原文】

乘其阴乱，利其弱而无主。随，以向晦入宴息。

【注释】

乘其阴乱：乘敌人内部发生混乱。阴，内部。

随，以向晦入宴息：语出《易·随》卦。随，卦名。本卦为震下兑上。上卦为兑为泽；下卦为震为雷。言雷入泽中，大地寒凝，万物蛰伏，故卦象名"随"。随，顺从之意。本计运用这一现象，说打仗时要善于抓住敌方的可乘之隙，随机行事，乱中取利。

【译文】

乘着敌方内部发生混乱，利用他力量虚弱且没有主见，使他顺随于我，就像《周易》随卦象辞说的：人到夜晚，必须入室休息一样。

【智慧解读】

运用浑水摸鱼之计，应重点把握以下几点：

一、乱中取利。即乘混乱的时机，捞取好处。在竞争当中取利的办法很多，其中乱中取利是较好的办法之一，它不但可以轻易地从中捞到好处，而且陷于混乱的各方都可成为取利的对象，因为大家将注意力都集中在互相争夺之上，必然会有很多利益无暇顾及，各自也都会暴露出很多可乘之隙来。动荡混乱的局面不是经常会遇到的，所以要积极利用，机不可失，时不再来。

二、以假乱真。水被搅浑之后，能见度必然极低，鱼在水中看不清方向，也更难辨清真伪。这时我们把假的伪装成真的，并将其混入真之中，在敌人"蔽而不察"的时候，我们便可借机行事。以假乱真要完全凭借浑水为掩护，不然很容易被识破。

三、滥竽充数。在几百人坐下来一齐吹竽的时候，不会吹竽的人就可以混在乐队里充数。

【破解对策】

对付浑水摸鱼之计，可采取如下防范对策：

一、断绝浑水之机。敌人之所以能摸鱼，主要是因为河水浑浊不堪，敌人乘机取利。如果我们所处的环境存在弊病，为敌人浑水摸鱼提供了机会，就应该尽早断绝这些可乘之机，这样才能防止河水被人搅浑。

二、混乱之中莫瞎撞。如果水已被搅浑，在一片混乱之中，不要跟着别人乱碰乱撞，因为在慌乱之中很容易被人当做"鱼"摸去。越是混乱的时候，越是要沉着冷静，一时分辨不清不要紧，但不要随意表态，要先寻找一个比较安全的地方隐蔽起来。这时的忍耐力和自制力很重要，盲动会带来严重的后果。

三、看准方向要快逃。在隐蔽的时候，要认真仔细地观察，一旦看清了方向，发现了较为安全的地方，要果断迅速地逃离险境。要认识到，我们一旦处于被摸之鱼的地位，只有"走"才是上策。

【用计范例】

刘备浑水摸鱼取南郡

三国时期，雄踞北方的曹操与孙权和刘备的联军在赤壁展开激战，最后大败而归。为了防止孙权北进，曹操派大将曹仁驻守南郡（今湖北省江陵县）。与此同时，刘备和孙权也都对南郡虎视眈眈。这时，刘备的军师诸葛亮建议刘备按兵不动，让孙权的水军都督周瑜先去与曹兵厮杀，等到双方混战之际再夺取南郡。

周瑜一贯骄傲自负，急于夺得南郡。他先攻下彝陵（今湖北省宜昌市东南），然后乘胜攻打南郡，却中了曹仁诱敌之计，自己中箭而返。一天，曹仁亲自带领大军，前来挑战。周瑜带领数百骑兵冲出营门大战曹军。开战不多时，忽听周瑜大叫一声，口吐鲜血，坠于马下，被众将救回营中。时间不长，周瑜的大营传出周瑜因箭疮发作而死的消息。曹仁决定趁周瑜刚死的时机前去劫营。

当天晚上，曹仁亲率大军去劫营，南郡城中只留下了少数的士兵和将领。当曹仁率大军趁着黑夜冲进周瑜大营时，周瑜却率兵从四面八方杀出。原来这是周瑜定下的哄骗敌人的计谋。曹仁好不容易从包围中冲出，退返南郡，又遇周瑜的伏兵阻截，只得往北逃去。

周瑜大胜曹仁，立即率兵直奔南郡。等周瑜率部赶到南郡，只见南郡城头布满旌旗，旌旗上写着赫赫的"刘"字。原来刘备利用周瑜和曹仁混战，搅起浑水之时，轻而易举地取得了南郡这条"大鱼"。

周瑜打败曹仁后赶到南郡，却发现南郡已被刘备的人马占领。

第二十一计 金蝉脱壳

金蝉脱壳是指蝉变为成虫时，要脱去幼虫的壳。比喻只留下表面现象，实际已脱身逃走，使对方不能立即发觉。军事上指用计脱身，暗中转移力量，完成奇袭别处敌军的谋略。

【原文】

存其形，完其势。友不疑，敌不动。巽而止，蛊。

【注释】

巽而止，蛊：语出《易·蛊》。蛊卦为巽下艮上。艮为山，为刚，为阳卦；巽为风，为柔，为阴卦。故"蛊"的卦象是"刚上柔下"，意即高山沉静，风行于山下，事可顺当。又，艮在上，为静；巽为下，为谦逊，故又是"谦虚沉静"。"弘大通泰"是天下大治之象。此计引本卦《象辞》，"巽而止，蛊。"其意是暗中谨慎地实行主力转移，稳住敌人，乘敌不惊疑之际，脱离险境。"蛊"有顺的意思。

【译文】

保存阵地原形，造成强大的声势，使友军不怀疑，敌人也不敢贸然进犯。这是从蛊卦《象辞》"巽而止，蛊"一语中悟出的道理。

【智慧解读】

金蝉脱壳是一种积极主动的撤退和转移，这种撤退和转移又是在十分危急的情况下进行的，稍有不慎，就会带来灭顶之灾。因此，金蝉脱壳的整个过程要在敌人不知不觉中进行，绝不能露半点破绽。本计的含义主要有两种：

一、脱身。为了摆脱困境，把"外壳"留给敌人，自己脱身而去。留给敌人的"外壳"是一个虚假的外形，对我方的实力影响不大，却能给敌人造成错觉。

二、分身。在遇到两股敌人时，为避免腹背受敌，可以对原来的敌人虚张声势，使其不敢轻易来犯，而暗中抽掉主力去攻击后来之敌，待后来之敌被消灭后，再返回来进攻原来的敌人。

蚕吐丝结茧，将自己裹在蚕茧里，变成蛹，然后再蜕变成飞蛾。经过这个过程，蚕发生了很大的变化，蝉蜕变的过程与蚕类似。

【破解对策】

对付金蝉脱壳之计，应采取如下防范对策：

一、要关门捉贼。防止就要到手的敌人金蝉脱壳的最好方法就是"关门捉贼"，速战速决，即把所有的门都紧紧关住，让敌人插翅难逃。这样敌人只有乖乖就范，而无别的计谋可施。如果防范不严，会给苟延残喘的敌人以可乘之机，被其逃之夭夭，日后会卷土重来。

二、要善于相敌。善于相敌，就是在观察敌人情况的时候，不被敌人留给我们的虚假"形"或"势"所迷惑，并能透过这些表面的现象，发现敌人的真实意图和本质。敌人在策划某些新的阴谋时，或多或少都会有某些反常的表现。如《孙子兵法·行军篇》中说"鸟集者，虚也""辞强而进驱者，退也"等，都是通过各种现象来判断敌情的。只要及时准确地掌握敌人的动向，就可有效地加以防范。

【用计范例】
孙坚、祖茂巧脱险

汉灵帝中平六年（公元189年），东汉并州（今山西省太原市）牧董卓率兵入洛阳，废少帝，立献帝，把持东汉朝政。关东豪强纷纷起兵声讨董卓。吴郡司马孙坚屯兵鲁阳(今河南省鲁山县)城，操练兵马，准备进兵征讨董卓。

汉献帝初平二年（公元191年），孙坚率军从鲁阳移驻到梁县(今河南省临汝镇西)东。董卓闻报，急忙派中郎将徐荣进攻孙坚。孙坚侦察到徐荣兵不多，没有认真对付，结果被徐荣打得大败。孙坚带部下数十骑突破重围，急忙连夜逃跑。徐荣命令士兵紧追不舍。因为孙坚头上戴着一顶红色的毛织帽子，特别显眼，很容易辨认。所以他跑到哪里，敌兵就追到哪里。孙坚的部将祖茂劝孙坚摘下红帽子，换上自己的盔帽，于是孙坚抄小路逃跑了。徐荣的追兵只瞄准戴红帽子的人追赶。祖茂为了引开追兵，戴着红帽子拼命向前跑。跑到一个乱坟堆时，祖茂跳下战马，把红帽子戴在一个被火烧断的木桩上，自己悄悄钻到草丛中。追兵赶到后，看见红帽子，就从四面包围。但当他们走近时，发现红帽子下面却是一个木桩。追兵又气又恼，只好悻悻而去。后来，孙坚与祖茂会合，整顿人马，终于大破董卓。

孙坚和祖茂连续两次使用金蝉脱壳之计，且屡试不爽，其成功的原因与他们的敌人徐荣不善于透过现象看本质有一定的关系，这一点颇为耐人寻味。

祖茂把孙坚的帽子戴在被火烧断的木桩上，引得追兵从四面来包围。

第二十二计 关门捉贼

关门捉贼是指当盗贼进屋偷东西时，要关上门使其无路可逃，才能人赃俱获。此计中的"贼"一般指为数不多而机动灵便的小股敌人。在军事上指对付那些行动诡诈，出没无常的小股敌人，宜采取包围歼灭的计谋。

【原文】

小敌困之。剥，不利有攸往。

【注释】

剥，不利有攸往：语出《易·剥》。剥卦为坤下艮上。上卦为艮，为山，下卦为坤，为地，意即广阔无边的大地在吞没山岳，故卦名曰"剥"。"剥"，落也。剥卦的卦辞说："剥，不利有攸往。"意思是说，当万物呈现剥落之象时，如有所往，则不利。此计引出卦辞，是说对小股敌人要及时围困消灭，而不利于去急追或者远袭。

【译文】

对弱小的敌人，要加以包围、歼灭（如果纵其逃去而又穷追远赶，那是很不利的）。这是从剥卦卦辞"剥，不利有攸往"一语中悟出的道理。

【智慧解读】

关门捉贼之计有以下几个含义：

一、"关门"的地点。"关门"的地点既要有利于全歼敌人，又要有利于我方集中优势兵力。

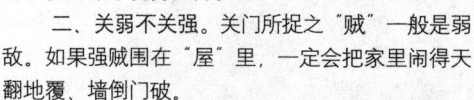

二、关弱不关强。关门所捉之"贼"一般是弱敌。如果强贼困在"屋"里，一定会把家里闹得天翻地覆、墙倒门破。

三、关牢大门。"贼"在被关在"屋"里之后一定会拼死抵抗，而大门肯定是其重点突破的目标。如果关门不牢，"贼"会撞开逃走，岂不前功尽弃？

四、抓准时机。无论是"关门"还是"捉贼"都有个时机问题。正如《兵法圆机》中说："盖早发敌逸，犹迟发失时。"要把"关门"和"捉贼"的时机把握准，这是取胜的关键因素之一。

唐朝军用水壶

【破解对策】

对付关门捉贼之计，可采用如下防范对策：

一、先探虚实。在同敌人作战之前，要详细准确地探明敌人的虚实，然后才能进入战地，这样才不致于因情况不明而误入敌人的包围圈。这里特别强调了知战之地、知战之日的重要性，探清虚实可用"打草惊蛇"之法，也可使用间谍侦察。

二、留有退路。"狡兔"尚且有"三窟"，以便于逃避灾祸，何况我们对敌作战之时呢？那就更要多准备几条退路。一旦情况紧急，便可以找到退逃之路。在拟定作战方案时，一定要准备上、中、下三策，往最坏处打算，往最好处努力。

三、及早回头。如果万一误入敌人的埋伏之内，就一定要及早退出，千万不能陷入过深，不能自拔。及早回头的决心来自于对敌情的准确判断，而对敌情的准确判断又来自于对敌人的敏锐观察。只有对敌人的一举一动都了解清楚了，才能尽早发现敌人的意图。

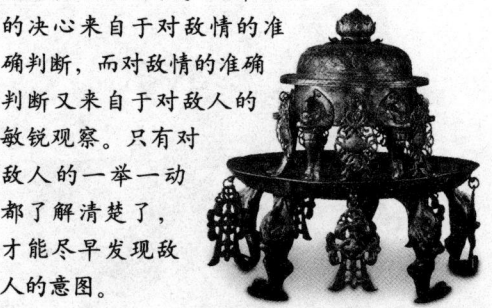

唐金凤凰

唐鎏金卧龟莲花纹银香炉及炉台

【用计范例】
黄巢关门捉贼

唐朝后期，政治腐败，社会动荡。唐末农民起义领袖黄巢带领农民发动起义。他领导的义军纪律严明，所向披靡，势如破竹。

唐僖宗广明元年(公元880年)，黄巢领导起义军攻入了唐都长安（今陕西省西安市）。长安城百姓在道路两边夹道欢迎。黄巢占领了唐朝的都城，国号"大齐"。此时，唐僖宗逃到成都，召集旧臣商量反扑。他们一方面训练士卒，补充武器，积极准备反攻；另一方面暗中收买黄巢手下的将领，唆使他们叛离；此外，还请沙陀(西突厥别部)李克用部增援，共同对付起义军。

公元881年五月，唐军的军事部署已经完成，形成了对长安义军的包围圈。这时，黄巢派手下的部将尚让进袭凤翔(今陕西省凤翔县)。驻守凤翔的唐将郑畋得到消息，事先伏兵要隘，将义军截击成数段，把尚让的军队打得狼狈而逃。尚让带领残兵败将撤回长安。此时，唐军已集结在长安城下，形势很危急。黄巢认为唐军骄傲轻敌、军纪涣散，决定采取"以退为进""关门捉贼"的策略。

于是黄巢突然于五月初六向东退出长安，露宿于坝上。唐朝大军在都统程宗楚等的带领下蜂拥而入，杀入了长安城。入城的唐军，看到城内早已没有一个义军了，就松弛下来，大肆抢劫财物、强奸妇女，把长安城闹得乌烟瘴气。当天半夜，义军迅速回师，直奔长安袭来。义军将士人人争先，奋勇冲杀。而唐军士卒金银财物满袋，包袱沉重，根本顾不上打仗。程宗楚等人半夜突闻黄巢义军进城，仓促应战，最后被义军杀死。黄巢在危急时刻先撤兵，诱敌深入，等到敌人松懈的时候再关门捉贼，从而歼灭了进攻的唐军，夺回了长安城。

黄巢带领起义军攻入长安，长安城的老百姓夹道欢迎。

第二十三计 远交近攻

远交近攻是指结交远方的国家，进攻邻近的国家。军事上指为分化瓦解敌方的联盟而采取的计谋，即暂时结交相隔较远、难以获利的敌人，直接进攻近处相邻、易于攻取的敌人，这是一种各个击破的谋略。

【原文】

形禁势格，利从近取，害以远隔。上火下泽。

【注释】

形禁势格：受到地势的限制和阻碍。禁，禁锢，限制。格，阻碍。

上火下泽：语出《易·睽》。睽卦为兑下离上。上卦为离为火，下卦为兑为泽。上火下泽，是水火相克，水火相克则又可相生，循环无穷。此计运用"上火下泽"相互违离的道理，说明采取"远交近攻"的不同做法，使敌相互矛盾、违离，而我则可各个击破。

【译文】

凡是受到地理形势的限制时，攻取附近的敌方，就有利；攻击远隔的敌方，就有害。这是从睽卦象辞"上火下泽，睽"一语中悟出的道理。

【智慧解读】

远交近攻之计有以下三层含义：

一、分化瓦解。本计是在面对由众多敌人组成的敌人阵营时使用的策略。众多敌人联合起来的力量是难以对抗的，就要首先对其进行分化瓦解，破坏敌人之间的联盟，我们就可以采取各个击破的办法，将敌人一个一个地吃掉。

二、区别对待。由于敌人所处的地理位置、客观条件不同，他们的价值观念不同，他们对危险的感受不同，因而对我们的用途也就不同。对敌人分化瓦解，使我们对敌人的区别对待成为可能；而对敌人区别对待，又势必会反过来促进敌人的分化瓦解。

三、从易者始。"凡攻占之法，从易者始"

实乃是用兵打仗的基本原则。"从易者始"可以尽快打开局面，产生势如破竹的效果。"从易者始"就容易取胜，获取胜利之后，对士气就会是一种激励，反过来又会争取更大的胜利，这样会产生一种良性的循环。如果从难者始，久攻不下，下而不见其利，士气就会大减。

火种罐
它可以保留火种，等用火时可用做引燃。

【破解对策】

对付远交近攻之计，应采取如下防范对策：

一、互为利用。如果我们发现已被敌人作为"远敌"而结交时，在不直接伤害盟友的情况下，可根据具体情况积极接受他们的结交，但思想上要有准备。一旦敌人对我们采取攻击时，我们不致措手不及，这是一种以退为进的策略。

二、广为结交。当我们已经成为"近者"，难逃被攻击的厄运时，首先要针对敌人分化瓦解的策略，广为结交，争取同情和援助，力求不让敌人破坏我们的同盟，只有这样才能防止被孤立、被击破。

三、善于防御。如果我们的力量足够强大，同时又有广泛的同情和援助，并且有了十分充分的战斗准备，那么不妨来个"御敌于国门之外"；如果我们的力量较弱或敌人的锋芒逼人，那么我们可以来个"诱敌深入"；如果敌方有机可乘，也不妨来个"围魏救赵"。

契丹铁矛

【用计范例】

范雎说秦王

远交近攻，是分化瓦解敌方联盟，各个击破，结交远离自己的国家而先攻打邻国的战略性谋略。"远交"的目的，实际上是为了避免树敌过多而采用的外交诱骗。

战国时期，魏国人范雎到秦国游说秦昭王。秦昭王向范雎询问富国强兵之策，范雎侃侃而谈："目前七国之中，最强大的就是秦国。秦国沃野千里，甲兵百万，进则能攻，退则能守，一统天下应该不费力气。但是，最近大王听信丞相魏冉的话，轻易发兵攻打齐国，我认为这是在断送秦国的前程。"秦昭王疑惑地问："攻打齐国有什么错呢？"范雎说："越过韩、魏两国攻打齐国，这是十分错误的。即使取胜，大王又怎能把得到的土地同秦国连接起来呢？当初，齐王越过韩、魏两国去攻打楚国，曾占领千里之地。但结果齐国连一寸土地也未得到，却被韩、魏两国瓜分了。其原因是齐国离楚国远，韩、魏两国离楚国近。依我看，大王应当采取远交近攻的策略。"秦昭王听得入了迷，问道："什么叫远交近攻呢？"范雎说："远交近攻就是与离得远的国家订立盟约，减少敌对国家，而对离得近的国家抓紧进攻。诚能如此，得一寸土地就是一寸，得一尺土地就是一尺。打下韩、魏以后再打燕、赵；打下燕、赵之后再打齐、楚。大王只要实行这条计策，用不了多少年，保证能兼并六国，统一天下。"范雎的一席话使秦昭王大为开怀，立即拜范雎为上卿，并按照范雎远交近攻的策略，把攻打齐国的人马撤回来，改为攻打近邻魏国。此后，秦国夺取了邻国的大片土地，为统一中国奠定了坚实的基础。

范雎正在游说秦王。

第二十四计 假道伐虢

假道：借路。伐：讨伐、进攻。虢：春秋时诸侯国名。假道伐虢原意是晋国假道于虞以伐虢，灭虢之后，又回师灭虞，即借别国的道路向敌人发动隐蔽而突然的进攻。军事上一般指越过中间地区，先去攻下较远的敌国，待中间地区孤立之后，再回头围而歼之。

【原文】

两大之间，敌胁以从，我假以势。困，有言不信。

【注释】

假：假借。

困，有言不信：语出《易·困》，困卦为坎下兑上。上卦为兑、为泽、为阴；下卦为坎、为水、为阳。卦象表明，本该容纳于泽中的水，现在离开泽而向下渗透，以致泽无水而受困；同时，水离开泽流散无归也是困，所以卦名为"困"。"困"为困乏的意思。困卦的卦辞说："困，有言不信。"大意是说：处在困乏境地，难道还能不相信强者的话吗？

【译文】

处在敌我两个大国中间的小国，当敌方强迫它屈服的时候，我方要立刻出兵，显示威力，给以援救，这样不会不能取得小国的信任。这是从困卦卦辞"困，有言不信"一语中悟出的道理。

【智慧解读】

本计有三种含义：

一、借水行舟。就是借用别人所提供的条件或帮助来达到自己的目的。无论做任何事情，必要条件是不能缺少的。例如，要想行车，就必须有路，要想行船，就必须有水，否则将寸步难行。但现在我们没有路却要行车，没有水却要行船，要想做到这一点，其最简捷有效而又现实的办法就是"借"：向有这种条件的人去"借用"，即借你的路，行我的车，借你的水，行我的船。

二、借机渗透。趁对方有机可乘之时，借用某种名义，巧妙地把自己的势力渗透进去。最好的时机是在其外来势力相逼时，我们以不侵犯其利益为诱饵，利用其侥幸图存的心理，以出兵援助为名，迅速把力量扩展进去。这样可以不经战斗，就能全面地控制对方。

三、一箭双雕。射出一支箭，同时击中两个目标。这就好像借人家的桥过河，过了河之后，又顺手拿走了人家的桥板一样，同时有两种收获。这是一种迂回之计，也是突然袭击的谋略。

【破解对策】

不过弱者想在强者的重压下求得生存是很困难的。为了保障生存的安全，弱者须具备下述条件方可：

一、内部团结。避免对方的挑拨性行动。当内部发生混乱或分歧时，会使强者乘隙进攻。

二、须有正确的判断能力。对于强者的请求，若一概置之不理，必会引起强者的憎恨与愤怒。

三、须具有外交能力。在解决纷争时，须做好全面的外交策略，以建立良好的外交关系。

春秋桓子孟姜壶

春秋时鹤莲方壶

【用计范例】

楚文王假道灭蔡

楚文王时，楚国日益强大。汉江以东的小国纷纷向楚国称臣纳贡。其中，有个叫蔡国的小国，仗着和齐国有姻亲关系，不买楚国的账。楚文王怀恨在心，想找机会灭掉蔡国。

蔡国和另一个小国息国关系很好。但是，有一次息侯的夫人息妫路过蔡国，蔡侯没有以上宾之礼款待。息妫回国之后，大骂蔡侯。息侯对蔡侯也有一肚子怨气。楚文王听到这个消息，认为灭蔡的时机已到。他派人与息侯联系。息侯想借刀杀人，向楚文王献上一计：让楚国假意伐息，他就向蔡侯求救，蔡侯肯定会发兵救息。这样，楚、息合兵，蔡国必败。楚文王听后立即调兵，假装攻打息国。

蔡侯得到息国求援的请求，马上发兵救息。可是蔡国的军队到达息国城下，息侯竟紧闭城门。蔡侯情知中计，急欲退兵。这时楚军已借道息国，把蔡侯围困起来，轻而易举地俘虏了蔡侯。蔡侯被俘之后，痛恨息侯，便对楚文王说："息侯的夫人息妫是一个绝代佳人。"楚文王本是一个好色之徒，这句话正中他的下怀，他决定见识一下息妫的美貌。

于是，楚文王击败蔡国之后，以巡视为名，率兵到了息国都城。息侯设盛宴为楚王庆功。楚文王在宴会上，趁着酒兴说："我帮你击败了蔡国，你怎么不让夫人敬我一杯酒呀？"息侯无奈，只得让夫人息妫出来向楚文王敬酒。楚文王见息妫果然天姿国色，马上魂不守舍，决定要据为己有。第二天，他举行答谢宴会，事先布置好伏兵，席间将息侯绑架，顺手又灭了息国。可笑息侯想以"借刀杀人"之计消灭蔡国，却反被楚王"假道灭虢"之计生擒。

楚文王在宴席上绑架了息侯，轻而易举地灭掉了息国。

【用计范例】
刘邦赏仇释嫌

西汉建立以后,汉高祖刘邦大封功臣。他重赏了张良、萧何、曹参等人,并对那些他看不顺眼、痛恨的人进行诛杀。

一天,刘邦与张良外出,路上看见许多将士聚在一起窃窃私语。刘邦不知其故,便问张良。张良早已得知许多将领因为封赏之事心存不满,便乘机对刘邦说道:"陛下有所不知,这些人是在谋反!"刘邦大吃一惊,忙说:"天下已经安定,他们为什么还要谋反?"张良说:"陛下,您出身布衣,依靠这些将领东征西战,取得了天下。如今,被您加封的功臣仅有萧何、曹参等人;而所诛杀的,都是您平生切齿痛恨的人。这些将领既怕得不到封赏,又怕将来被您杀掉,所以聚在一起谋划造反。"刘邦听后十分忧虑,忙向张良请教计策。张良反问刘邦道:"陛下平素最憎恶,且为群臣皆知的人是谁呢?"刘邦脱口而出说:"雍齿!他曾多次在大庭广众面前羞辱我,我早就想杀掉他;但考虑到他战功很大,我才多留他几日。"张良笑道:"好!陛下赶快宣布,先封雍齿。"然后,进一步解释说:"群臣见雍齿尚能封侯,人心自会安定。"

第二天,刘邦请全体将领赴宴。酒席间,刘邦郑重宣布封赏众人,第一个被封侯的人就是雍齿。这在群臣中引起了很大震动。众将见皇帝最讨厌的人都得到了重赏,情绪一下安定了下来。西汉政权因此得到巩固。

刘邦接受张良的计策,封赏仇人,消除众人的疑虑,从而稳定了大局,用的正是"假道伐虢"之计。

在酒宴上,刘邦宣布封雍齿为侯,众人见状都非常高兴。

第五套 并战计

第五套为并战计，全是用来对付友军的。在兼并战争中，友军就是潜在的敌人，故而列强常乘友军与自己并肩作战时，突然下手消灭或吞并友军。所以各国在与同盟国联合作战时，对友军均不掉以轻心，必须确保己方的领导权并表现出卓越的统率力，不让对方有机可乘。

◎第二十五计　偷梁换柱　　◎第二十六计　指桑骂槐
◎第二十七计　假痴不癫　　◎第二十八计　上屋抽梯
◎第二十九计　树上开花　　◎第三十计　反客为主

第二十五计 偷梁换柱

偷梁换柱原用以形容商纣王力大无穷。宋朝罗泌《路史·发挥三桀纣事多实论》中记载，古史传说商纣王能"倒曳九牛，换梁易柱"。后比喻玩弄手法，暗中改换事物的内容或事情的性质，以达到蒙混欺骗的目的。

【原文】

频更其阵，抽其劲旅，待其自败，而后乘之。曳其轮也。

【注释】

乘之：指乘机加以控制。乘，乘机。

曳其轮：这句话出自《易·既济·象》："曳其轮，义无咎也。"意思是说：只要拖住了车轮，便能控制车的运行，这是不会有差错的。曳，拖住。

【译文】

（采取措施）频繁变更友军的阵式，借以暗暗（从阵中的要害处）抽换其主力部队，等到它自趋失败，然后再乘机加以控制。这就像《周易·既济·象》所说的：要控制住车的运行，必须拖住车的轮子。

契丹驮车图

【智慧解读】

本计包含三种含义：

一、暗中调包。就是在不知不觉中，偷偷地用某种东西换走别人的另外一种东西。这种调换不外是为了自己获利，或使别人受损，或者两者兼而有之。所以调换的时候，一般都是用假的换掉真的，用坏的换掉好的，用次要的换掉主要的。

二、分人之势。当敌人的力量比较强大时，不应直接同其对抗，而应该使用各种隐蔽欺骗的虚假行动，把敌人的主力分散开来，把敌人的主力调开，就等于把敌人的"梁""柱"偷换掉，敌人必将会"阵塌"。这样就会使其由全体上的强大转化为各个局部上的弱小，而我们则可集中兵力，使全体上的劣势转化为局部上的优势。

三、合并盟友。在我们与盟友对付同一个敌人时，这时虽然目标是一致的，但是由于缺乏统一的行动，不但不能给敌人以致命的打击，还很容易被敌人各个击破。为了形成强大的势力，我们暗中将其合并过来，实行统一意志，统一行动，是有很大的积极意义的。

【破解对策】

对偷梁换柱，应采取以下防范对策：

一、防人之心不可无。在激烈的竞争中，尤其是多极的竞争中，除了对面前的对手要针锋相对之外，对于中立者、盟友等其他力量，也要时时处处加以必要的防备，不要轻信于人，更不能轻易把主力托付于人，以防被人吞并。

二、严密保护梁和柱。既然梁和柱具有重要的作用，那么就应加以严密的保护，使敌人不易接近，或使其无法偷换；为了保险起见，还要事先准备应急措施，一旦发现梁柱被人偷换，马上进行补救，不使损失扩大。

三、要经常反馈信息。要与自己所属的各个部门，特别是重要的部门，保持经常不断的信息联系，这样一旦自己的梁柱被偷换时，我们马上就会发现，可及时采取有效的措施，防止造成损失。

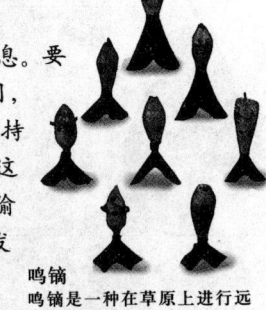

鸣镝

鸣镝是一种在草原上进行远距离军事联络的工具。

【用计范例】

郑庄公偷梁换柱破敌

鲁隐公五年（公元前718年），郑庄公率兵攻打宋国。宋国向卫国求救，卫宣公派右宰丑领兵与宋国司马孔父嘉会合，直逼郑都荥阳（今河南省荥阳市）。

郑庄公得到消息后，传令回师。走到半路时，郑庄公又得到宋、卫军马已撤离荥阳城，向郑国附近的戴国进军的军报。郑庄公想了一下，传令郑国上将公子吕转道向戴国进发。

宋、卫联军进攻戴国，又得到蔡国相助，满以为能一举成功。忽然探马来报说，郑国上将公子吕领兵救戴，已在离城五十里处驻扎。接着，又听说戴君得知郑兵来救，已经打开城门将郑军接进城内去了。这时，孔、丑二将便一起登上壁垒，仔细观察城内情形。正在说话间，忽听一声炮响，城上一时竟遍插郑军旗号。郑将公子吕站在城楼上，大声叫道："多多感谢二位将军费力，我们已经取得戴城了。"原来这是郑庄公设的"偷梁换柱"计：假说只要公子吕领兵救戴，其实回师救戴的是郑军主力。当时，孔父嘉领军居中，蔡、卫军分列左右，三支军队相距不过三里。孔父嘉刚把寨营安好，只见左边火光四起。原来左营的蔡军被郑庄公所劫。孔父嘉挥军向左，慌忙间迷失了方向，遇上一队兵马便厮杀起来，结果发现竟是卫国的人马。两军人马合兵一处，赶回中营，谁知中营却已被郑军占领。孔父嘉弃车徒步，跟随的只有二十余人，右宰丑阵亡，余下的三国兵马辎重全被郑军俘获。就这样，郑庄公用"偷梁换柱"之计既得了戴城，又破了宋、卫、蔡三国之师。

孔父嘉和丑赶到戴国时，发现戴国已被郑国占领。

第二十六计 指桑骂槐

指桑骂槐是指表面上指着桑树叫骂，实际上在骂槐树。比喻表面上骂这个人，实际上却骂另一个人。在军事上指用警告、诱迫等暗示手段达到统领部下和树立威信的一种谋略。

【原文】

大凌小者，警以诱之。刚中而应，行险而顺。

【注释】

刚中而应，行险而顺：语出《易·师·象》。"师，众也，贞，正也。能从众正，可以王矣。刚中而应，行险而顺。以此毒天下而民从之，专何咎矣。"这段话的意思是说："军队是由为数众多的人组成的。人数众多，必是良莠不齐，必须以正道使之统一，方可称王于天下。以险毒之举使全军将士归之于正，乐于顺从，其结果必将是有利的而不会有过错。"

【译文】

凭借强大的实力去控制弱小者，需要用警戒的方法去进行诱导。这就像师卦所说的：适当地运用刚猛阴毒的办法，可以赢得人们的归顺，获得最后的成功。

【智慧解读】

本计有以下三种含义：

一、杀鸡儆猴。这是通过惩罚一个人来吓唬其他人，以使其顺从的计策。有时在法不责众的情况下，也可以通过处理一个来警戒众人，这就是杀一儆百的方法。杀鸡儆猴和杀一儆百都是间接警告，使想警告之人慑服的策略，其中一个杀其异类，一个杀其同类，而对要警戒的真正对象却不直接动手。

二、敲山震虎。用敲击山梁的办法来显示威风，进而震慑老虎。在这里敲山只是一种姿态，是在向老虎表示自己的强硬态度。敲山震虎虽然没有明确具体的惩戒对象，但也暗示了有关的信息。这是一种不战而胜的策略，也同样起到间接警告的作用。

三、旁敲侧击。就是不直截了当地指明问题，而是绕个弯子，迂回地表达自己的责难或不满。之所以不直接对其发难，是因为某种条件限制，不能或者不便于公开"骂"，这时就使用这种隐蔽曲折，但又比较激烈的责骂方式。

【破解对策】

对付指桑骂槐之计，应注意以下防范对策：

一、认清虚实。了解对方的虚实，要通过详细地观察和研究，要透过现象看到本质，绝不能被一时的假象所迷惑。

二、联合众小。在对方的力量确实很强大，而自己一时无法与之对抗的情况下，摆脱困境的积极办法之一就是联合众小，以抗一强。众多弱小者联合起来，如果进攻，则会形成"好虎抵不住群狼"之势；如果防守，则会形成"法不治众"之势。

三、不为天下先。俗话说"出头的椽子先烂""枪打出头鸟"，指的是那些敢于第一个以身试法的人，要被当做"鸡"来"杀"。所以"不为天下先"乃是"立于不败之地"的重要条件。

四、支援"桑"树。"桑"树被骂时，我们不能袖手旁观，应千方百计地给予支援，使他能顶住对方的气势，不致产生更大的突破口。

【用计范例】
海瑞智惩胡公子

明朝嘉靖年间，海瑞在浙江省淳安县任知县。奸臣严嵩执掌朝政，把亲信胡宗宪安插在浙江府任总督。胡宗宪有一个儿子，人称胡公子。他依仗老子的权势，横行霸道，作威作福。

一天，胡公子携人出游，路过淳安驿站。他嫌驿站对他们招待不好，便指挥随从把驿站管事捆绑起来，倒吊在树上进行鞭打。驿站的差人慌忙跑到县衙禀告知县海瑞。海瑞闻讯非常生气，决定严加惩办。可是转而一想，胡公子的老子是自己的顶头上司。他左思右想，终于想出了一条指桑骂槐之计。

于是，海瑞带着衙役匆匆赶到驿站，

海瑞命衙役打了胡公子十几大板，胡公子连连称自己是张三。

见有一人正在树荫下指手划脚。海瑞命衙役把那个人抓起来。此人就是胡公子，他嚣张地大喊大叫："本公子是堂堂胡总督的儿子，你们要干什么？"海瑞以真当假，说道："哪里冒出来的恶棍！竟敢冒充胡总督的儿子！上次总督大人到此巡视时，再三嘱咐我们，要禁止铺张浪费。而你却横行霸道、花天酒地，分明是冒牌货！"胡公子的随从再三解释："他真是胡公子呀！"衙役们上前就打嘴巴，骂道："看你们还敢冒充胡公子！"打得谁也不敢作声了。衙役们又把胡公子掀翻杖责数十，直打得胡公子连连称自己是张三，是冒充胡公子在招摇撞骗。海瑞让师爷详细录下"张三"的口供，然后给胡宗宪写了一封信，写道："总督大人：某日，一伙恶棍，为首者张三，冒充令郎胡公子闯进驿站，强索酒肉食物，殴打驿站吏员。案犯供认如实，今将人犯和口供以及赃物一并押解赴省。"胡宗宪看了海瑞的信后，又见儿子那副狼狈相，心中有苦难言。

海瑞巧施计谋，不仅严惩了作恶者，而且使其后台无法责难自己，真可谓一举两得。

第二十七计 假痴不癫

假痴不癫指表面上装作痴呆、愚笨,而内心却非常清醒。在军事上指为了麻痹对方或为了隐瞒自己的士兵,而伪装笨拙,但是行动起来却又极其诡秘。

【原文】

宁伪作不知不为,不伪作假知妄为。静不露机,云雷屯也。

【注释】

伪作:假装、佯装。

云雷屯:语出《易·屯·象》:"云雷,屯,君子以经纶。"茅草穿土初出叫做"屯"。屯卦为震下坎上。坎为雨,为云,震为雷,云在雷上,说明茅草初出土时,即遇雷雨交加。用卦又是九五陷于二阴之中,并为上六所覆蔽,有阴阳相争不宁之象,更意味着事物生长十分艰难。

【译文】

宁肯装作无知而不采取行动,不可装作假聪明而轻易妄动。要保持沉静而不泄露任何心机。这是从屯卦象辞"云雷,屯,君子以经纶"一语中悟出的道理。

【智慧解读】

本计包含以下两个含义:

一、大智若愚。真正聪明的人在表面上反而好像很愚笨,其实这是一种韬晦之计,也就是暂时隐藏自己的锋芒或才能,不表现出来。在条件不利的情况下,为了保护自己,常常以装疯卖傻、装聋作哑来蒙混对方。这种假作不知、假作不为、假作不是的做法,会给人以一种与世无争、弱而无能的印象。这样就避免引起注意,不使人把自己当做直接的、主要的竞争对手,是用假装糊涂来绕过难点的最聪明的办法。

二、愚兵之计。装傻充呆之计,不仅可以用来对付敌人,也可以用来治理自己的军队。其主要方法是"愚士卒之耳目,使之无知"。之所以要"愚士卒之耳目",一是为了保守军事机密。因为对于机密的军事情报是不可能"广而告知"的。二是为了稳定军心。在非常困难的情况下,特别是在非常危险的情况下,如果让士兵们知道了真情,就会引起恐慌,从而影响战斗力,甚至无法约束军队。

辽代水晶双鹅

【破解对策】

对付假痴不癫之计,应注意采取如下防范对策:

一、善于相敌。所谓相敌,就是观察敌方的情况。相敌不但可以直接发现敌人"假痴"的蛛丝马迹,还可以透过现象认识本质。

二、将计就计。此法主要用于已经发现了敌方正在对我们使用"假痴不癫"之计时,我们虽已识破其计,但是却暂时不揭穿它。同时也来个假装糊涂,故意把其"假"当做真,让其相信我们已经上当,便放心大胆地继续演他的"假痴"之戏,却不知我们早已为他又布了圈套。

三、当面揭穿。当面揭穿对方的骗局,必须要掌握一定的证据,要一下子击中要害,不给其留狡辩和反击的机会。

四、攻其必救。如果敌方以强示弱,坚守不出,我们又希望尽快与之决战时,则可采取"攻其必救"的方法,迫使他不得不出来与我们交战。

金代双鱼纹铜镜

【用计范例】

康熙装痴除鳌拜

清圣祖康熙元年（公元1662年），年仅八岁的康熙登上大清皇位。由于康熙年幼，他的父亲顺治帝指定鳌拜等四位大臣辅助其执政。而鳌拜非常专权，并不把康熙放在眼里。

康熙虽然年幼，但从小就才华出众。他觉得鳌拜处处与自己作对，是个心腹大患，必须想办法除掉他。他把一些满洲贵族的子弟召来宫中练习武艺，作为自己的亲信侍卫。鳌拜见康熙和一些孩子在玩摔跤的游戏，认为康熙胸无大志，不过是个只知道玩耍的孩子，便放松了警惕。

一次鳌拜称病，好久不来朝拜皇帝，康熙便亲自来到鳌拜府中探听虚实。他径直来到鳌拜的卧室，发现鳌拜在席子底下藏有利刃，知道鳌拜心怀叵测。但他很沉得住气，不但不加责怪，反而安抚说：“满洲勇士，身不离刀，乃是本色。”鳌拜听了，觉得康熙是个小糊涂虫，便完全放松了警惕。

康熙回宫后，就把那帮孩子找来，和他们商议除掉鳌拜的事情。一天，康熙召鳌拜进宫来，说有要事相商，鳌拜不知是计，便大摇大摆地来见皇帝。康熙便命那些孩子玩摔跤游戏给鳌拜看。孩子们玩着玩着，一个个跌打翻滚着到了鳌拜身前，这个抢腿，那个按着手，一个抓住头，一个揽住腰，顿时将鳌拜掀翻在地。鳌拜号称"满洲第一勇士"，力大无穷，他猛一挣扎，那些孩子便都被他绊翻在地。但这些孩子都忠于康熙，尽管敌不过鳌拜，还是死死缠住他不放。这时，康熙拿出藏在袖中的匕首，一刀刺进鳌拜的胸中。孩子们一拥而上，将鳌拜擒住，最后杀死了鳌拜。

康熙用假痴不癫之计，在自己羽翼未丰的时候，假装糊涂，使鳌拜放松对自己的警惕。然后他韬光养晦，等待时机，终于除掉了鳌拜。

鳌拜进宫以后，康熙训练的那帮贵族子弟围攻上来，擒住了鳌拜。

第二十八计 上屋抽梯

上屋抽梯原意为送人上了楼之后，却把梯子搬走，使人无法再下来。比喻诱使人上前而断其退路，使人处于困境。在军事上指引诱敌人前来取利，待其深入，便断其退路，迫使其就范的计谋。

【原文】

假之以便，唆之以前，断其援应，陷之死地。遇毒，位不当也。

【注释】

遇毒，位不当也：语出《马·噬嗑·象》。噬嗑卦为震下离上。震为雷，离为火，为电。雷电交加，有威猛险恶之象。又，噬嗑卦为以柔居刚，故不当位，更显形势严峻。

【译文】

假给敌方以某种便利，诱使它（盲目）前进，然后再截断其应援之路，就能陷敌军于死地。这是从噬嗑卦象辞"遇毒，位不当也"一语中悟出的道理。

【智慧解读】

本计包含以下三种含义：

一、断其退路。利用各种办法将敌人引入我们事先设好的包围圈内，然后迅速将敌人的来路彻底切断，使其无法脱逃，有来无回。断绝敌人退路的目的主要是使其"不可脱"，这样才能全部将其消灭，或者给敌人造成心理上的巨大压力，使其被迫就范。

二、断其援应。这种策略也叫围敌打援。围敌打援之"援"也可理解为"后勤补给"，把敌人推到己方设置的地段之后，切断他们的后勤补给，使其陷入进退两难的境地。

三、破釜沉舟。主帅授给军队任务，要像登高后抽掉梯子一样，使他们只能前进而不能后退；率领军队深入诸侯境地，要像拉开箭弩射出箭矢一样，使他们一往直前。这样，利用特定环境和特定条件对人们产生的特定影响，会骤然激发或挖掘人们的潜能，就是本计所要达到的目的。

【破解对策】

对付上屋抽梯应注意采取以下防范对策：

一、小利莫贪。我们应谨防上当，如果判断不清时，宁可放弃，也绝不冒风险。特别是对那些取之无大益，失之无大损的小利，绝对不能贪图。

二、要知机变。随机应变也是防止受骗上当的有效措施。要做到随机应变，首先需做到眼观六路，耳听八方，善于观察，善于分析。其次要多准备出几套行动方案，并且经常变化，不让敌人摸到我们的规律。

三、投石问路。在对情况不了解或发现某些疑点的时候，先不要冒险行事，可先来个投石问路，探听虚实，在确定没有什么危险时，再走过去。用来作为探路的石头，可以是虚假的动作，可以是小股的部队，也可以是侦察人员。

四、另寻门路。如果不慎被骗"上屋"，并且梯子已被抽掉时，一定要寻找其他的"下楼"出路。

【用计范例】

窦建德骄敌破隋军

隋大业十三年（公元617年），隋末农民起义军瓦岗军发展迅速，占领了河南的大部分郡县。见此情势，隋炀帝急令心腹将领薛世雄奔袭瓦岗军，解救东都洛阳。

薛世雄接到命令后，立即率领三万精兵南下。当时，在河北地区还有一支农民起义军，这就是窦建德领导的农民武装队伍。当薛世雄的军队路过窦建德所控制的河涧县(今河北省河间县)时，窦建德摸清了薛世雄因得宠而骄狂轻敌的心理，想出了一条麻痹薛世雄的妙计。他派人四处散布说："窦建德听说朝廷派薛世雄将军率大军南下，不敢阻挡，都吓得逃跑了。"这个话很快传入薛世雄的耳中。骄悍的薛世雄信以为真，认为窦建德根本不敢与自己相抗衡，因此在行军和宿营中放松了戒备。窦建德见目的已经达到，便选拔出武艺精湛、机智勇敢的战士二百八十名，组成敢死队，其余的士兵埋伏在河涧县的水泽中。在一个大雾弥漫的黎明，窦建德亲率敢死队猛冲薛世雄的大营。隋军猝不及防，争相逃命，却受到埋伏在水泽中的士兵的袭击，死伤无数。薛世雄本人受伤，在几名骑兵的保护下逃回涿郡（今河北省涿县），不久就羞愤而死。

窦建德摸准了敌人的心理，故意示弱，大开屋门，设梯诱敌进入。然后他利用各种有利条件，采用四面合围的战法，打了一个速战速决的歼灭战。

窦建德事先埋伏下敢死队，等隋军的逃兵经过的时候就冲杀过来。

第二十九计 树上开花

树上开花原意为这棵树本来没有开出花，但是可以人为地使它开花。把五颜六色的绸绢剪成花朵粘在树上，不仔细察看的人就不易发觉，让美丽的假花和真树相互衬托，就可造成一个全新的、巧妙逼真的假象。

【原文】

借局布势，力小势大。鸿渐于陆，其羽可用为仪也。

【注释】

借局布势：局，局诈。势，阵势。

力小势大：力，力量。势，声势。

鸿渐于陆，其羽可用为仪：此语出自《易·渐》上九爻辞："鸿渐于陆，其羽可用为仪也，吉。"渐卦为艮下巽上。上卦艮为山，下卦巽为风，为木。意思是说：鸿雁走到山头，它的羽毛好比隐士的志节，不可以扰乱，超脱于世俗之外，即可进退自如。

【译文】

借用局诈的方法布成阵势，使本来力量小的部队变得声势浩大。这是从《易·渐》上九爻辞"鸿渐于陆，其羽可用为仪也，吉"一语中所获得的启示。

【智慧解读】

本计包含以下三种含义：

一、借局布势。借用别人现成的局面，布成有利于自己的新阵势，或者是利用别人的力量来增加自己的势力。借局布势，除了借别人的局面，借别人的力量之外，还可以借别人的名望，借别人的声威，借别人的阵容，借别人所创造的条件等。

二、虚张声势。虚张声势同借局布势一样，都可以使本来并不强大的力量，在对方面前显现出非常强大的声威气势。虚张声势所造成的声威气势，只是一种虚假的力量，只对敌人产生一种心理上的慑服作用。虚张声势在关键时刻是必要的，有时甚至胜似千军万马。

三、求之于势。就是要依靠有利的形势来取胜。做任何事情都离不开客观环境，如果客观环境提供了有利的条件，我们就要充分利用；如果客观环境所提供的条件不利，我们便应因势利导，使其向有利的方向发展。

【破解对策】

对付树上开花之计，应注意采取如下防范对策：

一、互相利用。也就是别人想要借我之"局"来"布势"，那么我同样也可顺势借他之"局"来布我们自己的"势"，这样就免得我们白白地被别人利用。当然这里需要双方具有一定的合作基础，具有相同或相近的目标，至少在各自的利益方面不是直接冲突的。

二、以力角之。《孙子兵法·虚实篇》中说，"角之而知有余不足之处"，就是进行战斗侦察，以探明敌兵力部署的虚实强弱。在这里虽然摆开了打的架势，但是并不要真的打，只是一种试探，这种较量可以获得比较全面的情报资料。

三、针锋相对。对方用"树上开花"之计来对付我们，企图吓倒我们，我们以其人之道，还治其人之身，也同样来个"树上开花"之计，迷惑他们。这样，我们可以改变被动的局面。

唐代金莲花

七牛贮贝器

【用计范例】
田单的火牛阵

昭襄王二十三年（公元前284年），燕将乐毅一鼓作气，攻下齐国七十余城。齐国只剩下莒(今山东省莒县)与即墨(今山东省平度市)两城未降。

齐人有个叫田单的，原在临淄做小官，后逃到即墨，参加了守城。即墨大夫战死，田单就被众人推举为将军。田单得知燕国君将不睦，遂施反间计，使燕惠王撤换了英勇善战的将领乐毅，派来个昏庸无能的将军骑劫。

田单让士兵散布流言说："齐兵别的不怕，就怕燕军把俘虏的鼻子割掉，那就会使齐兵害怕，不敢再战了。"燕将骑劫不知是计，果然把抓到的即墨人的鼻子通通割下，放了回去。即墨全城的军民都被激怒了，守城抗敌更加坚决。田单又放出话说："即墨人非常担心他们的祖坟，如被人挖掉，即墨人会伤心难过，无心守城。"骑劫听到后又上了当。即墨军民从城上看到燕军在城外挖他们的祖坟，怒发冲冠，纷纷要求出城与燕军决战。

田单知此时士气可用，就将精壮士兵埋伏起来，故意让老弱妇女上城防守，派人出城假意投降。骑劫见状，认为攻破即墨指日可待，燕国的士兵只顾胜利高呼。与此同时，田单在全城征集了一千多头牛，在牛角上绑了利刃，尾上扎了浸油的苇束。一天深夜，田单下令出击，火烧牛尾，火牛怒吼着直奔燕军兵营。五千精挑细选的士兵随后掩杀，城上老弱拼命敲击各种铜器，呐喊助威。燕军突然惊醒，见无数火龙东奔西突，吓得慌作一团，溃不成军。齐兵乘胜追击，齐国各地人民揭竿响应，一举收复七十余城。田单运用"树上开花"的计策，取得了这场战役的胜利。

田单利用"火牛阵"，把燕军杀得溃不成军。

第三十计 反客为主

反客为主原意是主人不善于招待客人，反受客人的招待，即主人的地位反被客人所取代。在军事上指利用某种机会或条件，兼并别人的力量，使对峙双方的地位发生变化，从而变被动为主动。

【原文】
乘隙插足，扼其主机，渐之进也。

【注释】
主机：主要的关键之处，即首脑机关。

渐之进也：语出《易·渐》："渐之进也，女归吉也。"意为：渐渐地在前进，是要像女儿出嫁般前进。女儿出嫁可以正家，进而可以正国。可以理解为：天下的事情，凡是行动盲目而急躁，就会走入邪途；凡是冷静而顺乎客观规律，就会登上正道。一步一步地循序渐进达到显要的地位，便会行而有功。

【译文】
乘着对方的空隙，插足其中，以致（最后）掌握其首脑机关，这是循序渐进的结果。

【智慧解读】
本计包含以下三种含义：

一、喧宾夺主。喧宾夺主的原意是客人大声说话，压过了主人的说话声音。后用来比喻外来的占据了原有事物的位置。其引申含义就是在对方有机可乘的时候，先插进一只脚，然后慢慢地用力把对方挤出去，自己取而代之，成为主人。

二、先发制人。在自己处于被动或弱小的情况下，便采取首先发动进攻的方法来争取主动，

"富且昌宜侯王"织成履

制服对方。在军事上，一般情况都是"先发制人，后发制于人"，只有先下手，压制住对手，才能变被动为主动。

三、转攻为守。战争中，敌我力量常会发生变化，战争局面也会发生扭转。当影响战争的因素在改变时，就不能再固守原有的方法，而是寻求新的途径。交换主客位置，改变战争策略，能最大限度地保留既有利益，又为战胜敌人增加了胜算。

金兽形权

【破解对策】
对付反客为主之计应注意采用如下防范对策：

一、可乘之隙不露。就是不向对方暴露己方可能被利用的空隙。那么怎样才能让人无隙可乘呢？首先做事要小心谨慎，防患于未然，在出现某些问题时，要能及时发现，及时弥补。其次就是有了问题也要善于掩盖隐蔽，不使客方轻易发现，要做到"家丑不可外扬"。只要漏洞不被发现，对方也就无法利用。

二、机要大权不让。如果对方已经插足进来，成为常客，就必然要有"主事""握机"的要求，这时我们绝不能对其轻易相信，不能随便将机要大权相托，更不可相让。机要大权一旦落入人手，紧接着的就会是被人取代。

三、再用反客为主。自己一旦被人用反客为主之计所取代，不要自暴自弃，任其所为，而要重整旗鼓，准备东山再起。

【用计范例】

反客为主降李密

隋炀帝大业三年(公元607年)秋,唐王李渊起兵反隋。同时他接到军报,说是魏公李密领数十万军队也起兵反隋。李渊听说这一消息,便与儿子李世民商量对策。李世民说道:"李密兵多势大,不如先与他联络,再想后策。"李渊当即命人写了一封修好的信让人送去。

信送去不久,便收到李密的回信。李密信中言辞十分傲慢,虽然表示愿意结为同盟,但李密自称是盟主,并要李渊亲自去河内缔结盟约。李渊父子看了李密的回信,心中很是不满。但迫于势力悬殊,李渊觉得还是忍让为好,便复信说:"现在天下大乱,急需一位您这样的统一之主。我李渊对您表示诚心拥戴,只求您登位之后,仍然封我为唐王就行了。"

李密收到李渊的复信,非常高兴,满口答应李渊的要求。李渊则趁机挥军西进了。

一路上,李渊势如破竹,直取长安(今陕西省西安市),废了隋炀帝,自立为帝,国号"大唐"。李密自与李渊结盟后,率兵东进,节节胜利,只有东都洛阳一地被隋将王世充坚守受阻。于是,李密继续强攻洛阳,与王世充作最后决战。正当李密踌躇满志,决心攻下东都自立为王时,却因他骄傲自大,不听忠言劝告,以致两次中了王世充的诡计。数十万大军只剩下二万人马,李密只好退入关内投奔李渊。李渊怕李密东山再起,便封了他一个邢国公的空头爵号。

俗话说:"退一步海阔天空。"当初,李渊委曲求全,一方面借助李密的势力攻打隋军,另一方面又免除了自己的后顾之忧,最终取得了胜利。这个反客为主之计可谓运用得非常精妙。

李渊率领大军进入长安,雄姿威武。

【用计范例】
郭子仪单骑见回纥

唐朝有个叛将，名字叫仆固怀恩。他煽动吐蕃和回纥两国联合出兵，进犯中原。吐蕃和回纥出兵三十万，一路连战连捷，直逼泾阳（今陕西省泾阳县）城。

泾阳的守将是唐朝著名将军郭子仪，他奉命前来平息叛乱。这时他只有一万余名精兵，尚未部署完毕。敌人迅速将他们包围，形势十分严峻。正在这时，仆固怀恩病死了，吐蕃和回纥失去了中间联系和协调的人物。双方都想争夺指挥权，矛盾逐渐激化。吐蕃驻扎在东门外，回纥驻扎在西门外，互不联系往来。郭子仪想：何不乘机分化这两支军队？他在安史之乱时，曾和回纥都督药葛罗并肩作战，对付安禄山。于是，他秘密派人前往回纥营中，转达自己想与老友药葛罗叙叙情谊的愿望。回纥都督药葛罗也是个重感情的人，听说郭子仪就在泾阳，十分高兴。但是，他说："除非让我见到郭老令公本人，我们才会相信。"郭子仪欣然同意，决定趁此机会说服回纥不要和吐蕃联合反唐。将士们深怕回纥有诈，不让郭子仪前去。郭子仪主意已定，带着少数随从毅然前往。

药葛罗见郭子仪真的来了，高兴地迎接出来，设盛宴招待他。两人谈得十分投机。酒酣时，郭子仪说道："大唐、回纥关系很好，回纥在平定安史之乱时立了大功，大唐也没亏待你们呀！今天怎么会和吐蕃联合进犯大唐呢？吐蕃是想利用你们与大唐作战，他们好乘机得利。"药葛罗急忙解释道："我们上了仆固怀恩的当。他对我说，皇帝与令公均已过世了，国内大乱，叫我来帮他收拾残局。现在我才明白，原来是一场骗局！"郭子仪见时机成熟，便进一步劝药葛军与唐军联合，消灭吐蕃。药葛罗愤然说道："老令公说得有理，我们愿意和大唐一起，攻打吐蕃。"双方马上立誓结盟。吐蕃得到报告，觉得形势骤变，于是连夜拔寨撤兵。郭子仪与回纥合兵追击，击败了吐蕃的十万大军。

药葛罗敬佩郭子仪的为人，见他亲自来到大营，非常高兴，跪在地上迎接他。

第六套 败战计

第六套为败战计，是在战败或处于劣势情况下所用的计谋。反败为胜，变劣为优，就需要在面临生死关头时，即使到最后仍不轻言放弃。有斗志即有希望，历史上扭转劣势赢得胜利的例子比比皆是。时机未到绝不逃脱，即为反败为胜的关键。

◎第三十一计　美人计　　◎第三十二计　空城计
◎第三十三计　反间计　　◎第三十四计　苦肉计
◎第三十五计　连环计　　◎第三十六计　走为上计

第三十一计 美人计

美人计，语出《六韬·文伐》："养其乱臣以迷之，进美女淫声以惑之。"意思是，对于用军事行动难以征服的敌方，要使用"糖衣炮弹"瓦解敌方将帅的意志，使其内部丧失战斗力，然后再行攻取。对兵力强大的敌人，要制服他的将帅；对于足智多谋的将帅，要设法去腐蚀他。

【原文】

兵强者，攻其将；将智者，伐其情。将弱兵颓，其势自萎。"利用御寇，顺相保也。"

【注释】

将智者，伐其情：将智者，指足智多谋的将帅；伐其情，即从感情上加以进攻。

利用御寇，顺相保也：御：抵御。寇：敌人。顺：顺利，顺势。保：保存。

【译文】

对强大的敌军，要对付他的将领；对英明多智的将领，要设法动摇他们的斗志。将领斗志衰退，士气消沉，战斗力自然下降。就像渐卦象辞所启示的，要利用敌人的弱点抵御敌人，顺利地保存自己。

【智慧解读】

本计有如下三层含义：

一、夺心伐情。就是首先要从心理上对敌人进行干扰和迷惑，从意志上对敌人进行瓦解和摧毁。这就是所谓的"用兵之道，攻心为上"的原则。双方交战，除了依靠各自的实力之外，主要的就是勇气和意志的较量。兵家都主张首先要进行心理战。

二、以柔克刚。即用柔和的办法来制服刚强的敌人。如果我们是强者，就可以用强硬的办法来制服弱小的敌人；如果我们是弱者，就应该用柔和的办法来制伏刚强的

彩绘鸟兽鱼纹漆榼

敌人。

三、糖衣炮弹。就是给杀人的目的和手段套上一层甜蜜而美丽的外衣，使敌人因被迷惑而乐于接受，并在不知不觉中被我所制。糖衣炮弹不带火药味，但它的威力很强，可以从根本上击倒敌人，又因其特殊的形式常常为对方所接受，很容易成功。

汉代彩绘陶舞俑

【破解对策】

防范美人计，应注意采取以下对策：

一、拒之门外。"礼下于人，必有所求。"如果有人在不欠我们人情的情况下，突然主动地送"美人"上门，那么我们就要认真分析在这"美人"之后是否有阴谋。如果发现有可疑之处，就应立即警觉起来。

二、心诚志坚。所谓"英雄难过美人关"中的"英雄"，其实都是一些意志薄弱者，称不得什么英雄。应该说："过关方可称英雄。"事实上古往今来的一些英雄人物，在金钱、美女面前，只因一念之差，而毁了一世功名。这绝不是"美人"的武器太锐，实在是自己的防线不坚。

三、反间之计。如果敌人用美人计来刺探我们的重要情报，我们可用反间计来加以利用。《孙子兵法·用间篇》中说："反间者，因其敌间而用之。"意思是所谓的反间，是指收买或利用敌方派来的间谍为我效力。我们也可以装作已被收买，而暗中行反间之计。

【用计范例】
赔了夫人又折兵

赤壁之战后，刘备的军师诸葛亮用计占领了荆州。东吴的水军都督周瑜为此气愤不已。

这时，荆州方面传来刘备的夫人去世的消息。周瑜一听，立即设计了一个美人计，即招刘备为孙权之妹的夫婿，作为人质，从而要挟诸葛亮交还荆州。孙权表示赞同，并立即派人前往荆州提亲。刘备清楚周瑜的用心，面有难色。诸葛亮却力劝刘备答应这门婚事。

于是，刘备在赵云的陪同下来到东吴。赵云按照诸葛亮的吩咐，大肆宣扬刘备入赘东吴的消息，弄得东吴百姓人人皆知。孙权的母亲吴国太知道后大吃一惊，连忙找到孙权质问。孙权只得如实道来："许婚乃美人计。只是以招亲为名，骗来刘备，讨得荆州。若刘备不还荆州，就先除掉他。"吴国太一听，更加怒不可遏，说道："如果真杀了刘备，我女岂不成了望门寡？"想到这里，吴国太说："我明天要亲自相看刘备。如不中意，任你们发落；如果中了我的意，我就做主将女儿嫁给她。"第二天，吴国太一见刘备大喜过望，当场敲定了这门婚事。刘备与孙权之妹成了亲，夫妻二人两情欢洽。

过了一段时间，诸葛亮派人捎话来："曹操正起兵五十万，杀奔荆州，请主公速回。"刘备闻讯，与孙夫人商定利用到江边祭祖的机会脱离东吴。到了祭祖的那天，就在刘备与孙夫人等人准备登船的时候，只见周瑜亲率水军追来。事先埋伏的蜀将关云长等合力营救，周瑜大败，被气得吐血不止。至此，"美人计"破灭。周瑜不仅没有赚得荆州和刘备，还"赔了夫人又折兵"。

周瑜见自己的"美人计"破灭，气得昏倒在地。

第三十二计 空城计

空城计是在己方无兵出城与敌对抗的情况下，故意向敌人敞开城门，使敌方怀疑城内有埋伏，而犹豫不前。在军事上指在交战双方力量悬殊的情况下，力弱的一方故意显示自己虚弱、不设防的弱处，让敌人反以为自己有准备，从而不敢贸然进攻。

【原文】

虚者虚之，疑中生疑；刚柔之际，奇而复奇。

【注释】

虚者虚之：劣势的军队面临强敌，故意显示虚弱。第一个虚字，空虚，与实相对，指军事力量不敌对方。第二个虚字，动词，显示虚弱的样子。

【译文】

本来兵力空虚，又故意把空虚的样子显示在敌人面前，使敌人不知底细，怀疑我有实力。在敌我力量悬殊的情况下，采用这种计谋，显得更加奇妙。

唐代鎏金海兽水波纹银碗

【智慧解读】

本计包含两个含义：

一、虚而虚之。本来是空虚的，还要显现出更加空虚的样子来。"虚而虚之"的目的是使敌人"疑中生疑"。一般地说双方交战，总是要互相隐瞒真实情况。所谓"兵不厌诈"，即使遇到正常情况，也要反复地进行分析研究，不能完全凭自己的直觉，随便作出判断。

二、实而虚之。本来是实的，却故意装作是虚的，使敌人误以我为虚。例如，我们本来实力比较强大，但是却要千方百计地把这些力量隐蔽起来，而故意表现出弱小的样子，故意给敌人留出欲乘之隙。实而示虚主要有两个目的：一是诱敌深入；二是韬晦之计。为了

骑兵

更大或者是更远的目的，暂时隐蔽起自己的实力和锋芒。这种暂时的隐藏是为了等待时机，积蓄力量，一旦时机成熟，就会发动突然进攻，使对方措手不及，防不胜防。

【破解对策】

防范空城计，可采取如下对策：

一、要全面分析。例如：敌人所守的是一座孤城，四外又是空旷的原野，不可能埋伏军队。这样就可根据该城的大小，判断出其最多所能埋伏的军队。如果敌人在城内即使有埋伏，其数量也有限，那么就不必为他的空城计而犹豫。

二、要耐心等候。经反复试探之后，仍不能作出判断的话，可以采用在"空城"之外耐心等候，静观变化的方法来探其虚实。只要我们在"城外"将其围住，不去主动直接攻城，在这种不攻也不撤的相持状态下，不论是虚是实，敌人都会自己暴露出来。

三、要调虎离山。"空城计"主要是通过隐蔽来达到欺骗的目的，而隐蔽又主要靠"城"这个必要条件，所以要破解敌人的"空城计"，就要把敌人与其所据守之"城"分离开来。将敌人与其"城"分离开来的最好办法就是"调虎离山"之计，一旦敌人失去"城"这个特殊的环境与条件，他的虚实也就暴露出来了。

【用计范例】
宗泽沉着守汴京

宋建炎二年（1128年）的十月，金军再次南下，南宋皇帝赵构仓皇逃至扬州，将汴京（今河南省开封市）城留给了老将宗泽。金军很快来到汴京城下。他们站在城楼上望去，只见汴京城头旌旗猎猎，城内一派升平景象。金军统帅疑心顿起，认为城内有诈，下令暂缓攻城。

原来，金军逼近汴京的消息传出后，汴京上下人心惶惶。宗泽的僚属们也都沉不住气了，相约去宗泽的府邸探察虚实。不料，入府一看，宗泽正在跟一位客人下围棋。众人连忙向宗泽报警。宗泽笑道："我们收复汴京后，招募了众多抗金义士，修筑了城堡，制造了战车。这些足可与金军决一死战。眼下敌我尚未短兵相接，诸位就这样慌乱了，士兵和百姓们该会怎样想呢？"众僚属被宗泽说得面红耳赤。按照宗泽的布置，僚属们一个个领命而去。

金军见到汴京城的反常景象后，按兵不动，派出间谍四处侦察。但还没等他们把情况摸清楚，宗泽就派一支队伍冲入了金营。金军没想到宋军竟敢首先发动进攻，急忙上马迎战。这时，宗泽站在城楼上一面击鼓助威，一面向早已埋伏在金军后翼的宋军发出出击信号。金军遭到前后夹击，顿时大乱，仓皇向北逃去。宗泽利用空城计，不仅吓跑了金兵。而且自此以后，金军在较长的一段时间里，不敢再犯汴京。

金兵见汴京城内一派升平的景象，不禁疑心四起。

第三十三计 反间计

反间计，原文的大意是说：在疑阵中再布疑阵，使敌内部自生矛盾，我方就可万无一失。说得更通俗一些，就是巧妙地利用敌人的间谍为我所用。在战争中，双方使用间谍，是十分常见的。

【原文】

　　疑中之疑。比之自内，不自失也。

【注释】

　　疑中之疑：疑阵中再布置疑阵。疑，怀疑。

　　比之自内，不自失也：语出《易·比》。本卦为异卦相叠，即坤下坎上。此句可以理解为利用敌人派来的间谍为我服务，可以有效地保全自己，攻破敌人。比：辅助，援助，勾结，利用。

【译文】

　　在敌人怀疑、犹豫的情况下，再给敌人布置疑阵。利用敌方派来的间谍为我服务，可以收到保全自己，争取胜利的好效果。

【智慧解读】

本计有如下两种含义：

一、使用"反间"。就是要充分地利用"反间"来达到获取情报、扰乱敌人的目的。敌人的间谍之所以有被我利用的可能，就是因为很多间谍都是为敌人所给的钱财所驱使。谁给他钱，他就为谁卖命。如果间谍觉得我们给他的钱比敌人给的优厚，那么他就会转而为我们服务。所以收买敌人间谍的主要手段，就是"厚赂诱之"。

二、分化离间。就是在敌人之间或内部挑拨是非，引起纠纷，制造隔阂，破坏团结，使之反目为仇。敌人内部如果团结一致，就会形成强大的力量，使我方难以战胜。分化离间要从心理上，即从根本上把敌人分散开来。这时无论是哪部分遇到危难，其他部分都只能袖手旁观，甚至幸灾乐祸。所以分化离间是一种彻底的分敌之法。这样不仅能削弱敌人的力量，有时还能达到让其"窝里斗"的效果。

【破解对策】

防范反间计应注意采取如下对策：

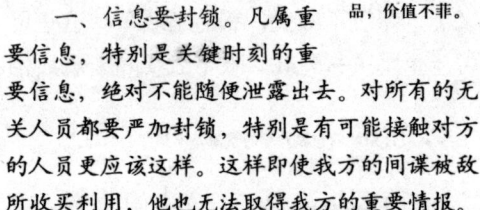

一、信息要封锁。凡属重要信息，特别是关键时刻的重要信息，绝对不能随便泄露出去。对所有的无关人员都要严加封锁，特别是有可能接触对方的人员更应该这样。这样即使我方的间谍被敌所收买利用，他也无法取得我方的重要情报。

二、间谍要可靠。凡我们派出的间谍，要进行全面审查，不但要求其具有做间谍的基本能力，更要有坚定的立场。所谓的"用人不疑，疑人不用"与这里所讲的"慎用"是不同的。

三、情报要推敲。尽管我们派出的间谍不被收买，他所获取的情报也不一定就是很可靠的。所以对间谍带回来的情报一定要反复推敲，在推敲验证的时候，绝对不能以"自己认为应该如此"来推断。

四、多方取证印证。同一事或同一地，可以多方位地派出若干间谍，让他们从不同的侧面获取情报，这样我们可以将各方面的信息相互印证。

【用计范例】
赵匡胤收贿上缴破敌间

五代末年，赵匡胤在后周世宗柴荣手下任殿前都点检，掌握禁军，兵权在握。南唐国主李璟见赵匡胤位高权重，有勇有谋，担心他以后攻打南唐。于是，他设计了一条离间计，想借此除掉他。

李璟写了一封信，派使者带上三千两白银来到后周。南唐使者先去见后周世宗柴荣，寒暄了几句后，便装作有意无意地问起赵匡胤。柴荣见使者问得蹊跷，起了疑心，便派暗探盯住使者，看他与赵匡胤有什么来往。

当天深夜，南唐使者带着许多东西向赵匡胤的住宅溜去。暗探见状，忙跟踪过去。赵匡胤听说有南唐使者来访，心想：自己与他们素无交往，怎么这么晚了来拜访呢？疑惑之间，将使者请进来。使者进来，呈上李璟的书信。信中无非说些敬仰的话，没有实际内容。赵匡胤一时猜不透南唐想干什么。等使者献上白银后，赵匡胤明白了：他们是想制造我与南唐私通的假象，以便嫁祸于我。想到这里，赵匡胤有了主意。他谢过了南唐国主，留下了东西。暗探将这一切报告给柴荣，柴荣听后大惊。但凭着他对赵匡胤的了解，这件事又不太可能。他思来想去，决定先不露声色，看赵匡胤有什么行动再说。第二天天刚亮，赵匡胤便来朝见柴荣，把李璟的信和三千两白银一起呈上。柴荣见赵匡胤此举，心中猜疑顿消，自此君臣二人更加信任了。

赵匡胤不为金钱利益所动，及时识破了敌人的阴谋，使南唐不但没有达到离间柴荣与赵匡胤关系的目的，反而还赔上了三千两白银。

赵匡胤把南唐国主所赠白银和书信交给后周世宗柴荣，柴荣对赵匡胤的忠诚非常赞赏。

第三十四计 苦肉计

苦肉计就是先把自己折磨一番，利用血泪去争取接近敌人，而暗地里却进行阴谋颠覆活动。苦肉计的目的就是骗取敌方的信任。此计其实是一种特殊做法的离间计。

【原文】

人不自害，受害必真；假真真假，间以得行。"童蒙之吉，顺以巽也。"

【注释】

童蒙之吉，顺以巽也：出自《易·蒙·象》："童蒙之吉，顺以巽也。"意思是说：不懂事的孩子单纯幼稚，顺着他的特点逗着他玩耍，就会把他骗得乖乖的。

【译文】

人一般都不会自我伤害，自我伤害必定会被认为是真实的；但如能以假作真，并使敌人深信不疑，就能施行离间计了。这是汲取了《周易》蒙卦的思想。从《周易·蒙卦·象传》"童蒙之吉，顺以巽也"一语中获得的启示。

【智慧解读】

苦肉计的含义如下：

一、骗取信任。"恻隐之心，人皆有之"。如果把自己伤害得深就会博得对方的同情，取得对方的信任。

二、离间敌人。用自我伤害的办法打入敌人内部，暗中进行离间分化活动，达到出奇制胜的目的。

三、激励士卒。故意留出破绽，使敌人获得暂时或局部的胜利，以此激励士卒奋起反抗，决一死战。这就是人们常说的"哀兵必胜"。

四、欲取先予。自己先做出一定牺牲，捞取资本后，便可获得更大的利益。

蛇形刀
这把蛇形刀的样子非常像蛇，有蛇头刀饰和蛇形刀身。

五、加害于人。暗中自害，并加以伪装，然后嫁祸于人，使别人因此受到惩罚。

【破解对策】

防范苦肉计可采取如下对策：

一、僵蛇莫怜悯。怜悯之心人皆有之，但不能对任何人都施以怜悯。不要说对方是要通过自害来欺骗我们，就是真的受了些迫害，我们也应有戒备之心。在一般情况下，我们一时很难分辨真假时，宁可把真错当成假，也绝不放松警惕，而施之怜悯。

三国吴神兽纹铜镜

二、受降如受敌。所谓的"受降如受敌"，意思是对前来投降的敌人，要像对前来交战的敌人一样谨慎。所以凡敌人前来投降时，一定要考察他们是真是假，要严加防备，不可怠慢疏忽，不然就会有中计失败的可能。

三、分析要全面。对那些以受迫害为名前来投降的人，我们要进行全面的分析，看其是真降还是诈降，必要的时候要进行跟踪调查或是进行反复的考验。

西汉四联陶罐

四、利用不重用。对投降过来的人，如果对其真假一时把握不准，而其又有利用价值的时候，那么我们对他只可利用而不可重用。

【用计范例】
周瑜打黄盖

东汉末年，曹操挥师南下，向东吴发动进攻。针对曹军不习水战、战船相连的特点，东吴水军都督周瑜和老将黄盖想出了火攻的计谋。而要实施火攻，需有人到曹操大营放火。于是周瑜与黄盖秘密设下苦肉计，让黄盖去曹营诈降，然后火烧曹营。

一天，周瑜召集诸将于大帐之中，他命令诸将各领取三个月的粮草，分头做好破曹的作战准备。黄盖打断周瑜的话，抢先说："不要说三个月，就是支用三十个月的粮草，也无济于事。如一月之内不能击溃曹操，倒不如束手投降。"周瑜闻听后勃然大怒，喝令左右将黄盖斩首示众。众文武见老将黄盖死在眼前，就一齐跪下，苦苦为黄盖讨饶。看在众人的面子上，周瑜这才松了口，将立即斩首改为重打一百脊杖。打到五十脊杖的时候，黄盖已经是皮开肉绽，鲜血迸流，一连昏死过几次。众官员见状再次苦苦求免，周瑜这才罢手。

当天晚上，东吴的文武官员都来看望黄盖，黄盖也不说话，只是长吁短叹。当他的密友阚泽前来探望时，黄盖才道出了实情，并请阚泽替他去曹营代献诈降书信。老谋深算的曹操，面对潜至的阚泽和诈降书，将信将疑。但阚泽也决非等闲之辈，他既具胆识，又能言善辩，使曹操不得不开始相信此事，便和黄盖定下了来降的暗号和标志。后来，黄盖带着装满稻草和火药的小船前去诈降，火烧了曹操大营。周瑜用苦肉计大败曹操。

苦肉计的关键是自己是否能"苦"到让别人相信，这就需要深刻了解对方心理、摸准对方心理缺口，让自己的"苦"像洪水一样灌入对方心中，引起对方同情和好感，乃至最后信任自己。

周瑜不顾众将求情，打了黄盖五十脊杖。

第三十五计 连环计

连环计，指多计并用，计计相连，环环相扣。此计正文的意思是如果敌方力量强大，就不要硬拼，要用计使其自相钳制，借以削弱敌方的战斗力；巧妙地运用谋略，就如有天神相助。

【原文】

将多兵众，不可以敌，使其自累，以杀其势。"在师中吉，承天宠也。"

【注释】

在师中吉，承天宠也：语见《易·师》卦九二。《象》辞："在师中吉，承天宠也。"是说主帅在军中指挥得当，就能如同有天神相助一样吉利。

【译文】

敌军兵强势大，不能与他硬拼，应当设法使他们自相钳制，以削弱它的势头。正如《易经》师卦所说：将帅处于险象时指挥巧妙得当，就能如同天神相助一样吉利。军队有巩固的领导中心，这样当然有吉祥，不会有灾祸。

【智慧解读】

本计包含三种含义：

一、使敌自累。自累就是自相钳制，即自己内部互相之间都用强力对对方加以限制，使各方都不能自由行动。使敌自累就是运用计谋，在敌人中间制造矛盾，并扩大或激化他们的矛盾，使其内部发生变乱，进而削弱其力量。

二、撒豆止骥。凡是主动给敌人准备某些利益，使他们被这些利益所引诱，为了捞取利益而干扰和破坏其原来的行动计划；或让他们把这些留而无大用，弃而可惜，没有什么大价值的包袱背在身上，形成一个难以卸掉的负担等，都属于撒豆止骥之计。

三、机巧贵连。凡是用计，一般都不是只用一计就可获得成功的，常常需要同时准备或使用数计，使各计之间相辅相成，这样可做到一条计策失

金手镯

败，另一条计策马上紧接着实施，一个计谋跟着一个计谋，环环紧扣。如若"两计扣用"的话，则"一计累敌，一计攻敌"，缺一不可。

【破解对策】

防范连环计可采取如下对策：

一、莫贪便宜。对方对我施用本计的主要手段就是金钱、美女之类，如果我们被这些东西所诱惑，见利忘义、同室操戈，就会正中其下怀，做出"亲者痛，仇者快"的事情来。

二、风雨同舟。在自己内部发生矛盾的时候，不要总是想着非要把对方置之死地而后快，而要看到双方所共同面对的严峻形势，想着互相之间的共同利益。在大敌当前的时候，我们内部矛盾的双方谁也无法独自幸存，只有联合起来，才有不被消灭的希望。

三、早脱环扣。如果被敌人所施的数计相互扣用所困扰，处在应接不暇状态的时候，一定会力不从心，穷于应付。在这种极端被动的情况下，如果继续同敌人周旋，将是十分危险的，因为可能躲过敌人的一计、两计，但不可能计计都能躲得过，只要一次失误，就会一败涂地。在这种形势下，要以走为上，尽早地跳出敌人的连环网扣的羁绊，脱离危险，以求自保。

一匹战马低下头，看到地上的豆子，停了下来。

【用计范例】

刘锜连环胜兀术

绍兴十年（公元1140年）夏，金朝元帅金兀术率十几万大军攻打东京汴梁（今河南省开封市）。南宋任命刘锜为东京副留守，率兵一千八百人，由临安（今浙江省杭州市）向东京前进，去抵抗金兵。

行至顺昌（今安徽省阜阳县）时，刘锜得知东京已被金兵占领，决心坚守顺昌，阻止金兵南侵。金兵攻下东京后向顺昌逼近。大敌临近，刘锜命令士兵打开所有的城门，金兵见此情景，怀疑城内设伏，不敢向前，只在远处放箭。这时，刘锜悄悄绕到金军的后面发动攻击，同时城上万箭齐发。金军受到两面夹击，连连退却。

金军退守到离顺昌城二十里的地方，连忙向金兀术求救，请求增加兵力，准备再次进攻。刘锜先发制人，乘雷雨之夜前去偷袭敌营。每人除带武器外，各带竹制的哨子一个，吹哨为号，时聚时散，杀入敌人毡帐数重。当时恰遇闪电四起，乘闪电，勇士们见金兵就杀，闪电一停就伏下不动。金兵感到神秘莫测，乱成一团，自相砍杀一夜，死的、伤的到处都是。

金兀术在东京听到顺昌告急的消息，亲率大军赶往顺昌增援。刘锜为了诱使金兵进入他的预设战场，派人向金兀术挑战说，只要金兀术敢渡过颍河和他作战，他就愿意代架浮桥五座以示迎接。金兀术听了当场答应第二天早晨渡河。刘锜真的在颍河上为金兵架了五座浮桥，同时在颍河上游撒毒。金兵渡河后，因普遍中毒，病倒很多。两军开战以后，刘锜的部队因得到轮番休息，精力饱满，把金兵打得退回东京。

刘锜在与金兀术的这场较量中，双方兵力悬殊，但刘锜多计并用，计计相连，环环相扣，使金兀术狼狈而逃。刘锜真乃用兵的高手。

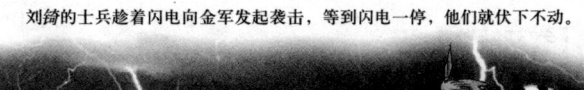

刘锜的士兵趁着闪电向金军发起袭击，等到闪电一停，他们就伏下不动。

第三十六计 走为上计

走为上，指在敌我力量悬殊的不利形势下，采取有计划的主动撤退，避开强敌，寻找战机，以退为进。这在谋略中也应是上策。这句话出自《南齐书·王敬则传》："檀公三十六策，走为上计。"

【原文】

全师避敌，左次无咎，未失常也。

【注释】

全师：保存军事力量。师，指军队。全，保全。

避敌：避开敌人。

左次无咎，未失常也：《易·师·象》说："左次，无咎，未失常也。"左次，是指军队向后撤退。古时兵家尚右，右为前，指前进，左为后，指退却。全句意为：部队后撤，以退为进，不失为常道。

【译文】

为了保全部队的实力，实行撤退也没有什么罪责，（因为）它并没有违背（用兵的）常道。

【智慧解读】

本计包含以下三种含义：

一、知难而退。如果已经知道事情实在做不成，就不要硬着头皮去做，要见机而动，尽早放弃，不要白白浪费时间和精力。要"实则斗，虚则走"，在自己的力量不足的时候，要避免同敌人决战，要首先保存自己的实力；在"避而有所全"的情况下，"则避之"。"留得青山在，不怕没柴烧。"这是脱离危险境地的一种策略。

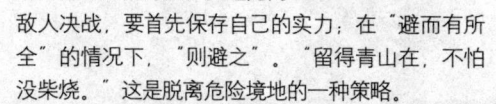

二、以退为进。就是把现在所做出的暂时退让，作为下步争取更大进取的手段。在这种情况下的"走"，并不主要是因为力不可支，而是出于引诱和调动敌人的需要。这是一种以迂为直的迂回战术。通过伪装的退却，可以诱敌深入，聚而歼之。

三、急流勇退。由于人性本身的弱点，使有些人很难割舍既得的利益，常常是"身后有余忘缩手"，这一点在需要撤退时一定要避免。所以急流勇退中的"勇"字，除了果断迅速的意思之外，还包含勇敢和勇气的含义。

唐代伎乐纹八棱金杯

【破解对策】

防范走为上计可采取以下对策：

一、疏而不漏。我们围歼敌人要张开密网，使敌人无隙可乘，无计可施。不然，让快要抓到手的鱼溜掉，那将是十分遗憾又后患无穷的事。

二、截断退路。如果不慎，让敌人钻了空子跑掉的话，那么千万不要总是跟在敌人的后面追；而要赶到前面，在敌人的必经之路上堵截，将他们消灭。要能跑到逃跑敌人的前面，需要注意两个问题：一是要取捷径；二是要有速度。

三、纵之而去。如果阻截已迟，追之不及，可以索性纵之而去。但是纵之而去并不是彻底放弃不管，而是以此来麻痹对方，使其放松警惕，敌人惊魂未定时打他个措手不及，这就是所谓的"欲擒故纵"之计谋。

玉马

火檎木
火檎木的车轴上捆裹着大量柴草，这些柴草在向敌人进攻的时候会被点燃。

【用计范例】
范蠡功成身退

范蠡是春秋末期越王勾践手下的一位谋臣。当越国被吴国打败时,他跟随越王勾践赴吴国做过两年人质;回越后,与文种等谋臣协助越王勾践发愤图强,于公元前473年灭掉吴国。越国一时成为诸侯中的一霸。

当勾践召开庆功大会时,会上却没有范蠡。原来,范蠡与勾践朝夕相处十几年,知道勾践自私而多疑,只能与之同苦,不能与之同甘。于是,范蠡带着大批珍宝隐居去了。临走的时候,范蠡故意制造出自杀的假象:他把自己的外衣扔在太湖旁边,并在衣兜里留下写给勾践的一封信,其大意是说:君主有忧,臣子就该分忧;君主受辱,臣子就该死难。从前您在吴国的时候,我之所以不死,是为了报仇雪恨。现在您已经灭了吴国,当上了霸主,我的本分总算尽了。如果我继续留在您的身边,很可能会扩大自己的势力。因此,我便自我了断了。勾践看完这封信后以为范蠡自杀了,因此放下心来。他哪里知道,范蠡并没有死,而是带着财宝珠玉跑到了齐国,弃官经商,改名更姓。后来他又搬到当时人口众多、买卖发达的大城镇定陶,称为朱公,即后来成为百万富商的陶朱公。

范蠡离开越王勾践不久,曾托人送过一封信给文种,让文种离开范蠡。文种觉得自己曾追随越王出生入死,越王不会亏待自己,因而留了下来。后来,果如范蠡所料,勾践对文种这样有才干的人疑心重重,最后逼死了文种。

范蠡功成身退,用的正是《三十六计》中的"走为上计",他能够割舍既得利益,不为金钱和权势所动,从而保全了自己。

范蠡制造出跳湖身亡的假象,越王勾践以为范蠡已死,因此放下心来。

图书在版编目（CIP）数据

孙子兵法与三十六计中的大智慧/龚勋主编．—汕头：汕头大学出版社，2012.1（2021.6重印）
ISBN 978-7-5658-0554-7

Ⅰ．①孙… Ⅱ．①龚… Ⅲ．①兵法-中国-古代-青年读物②兵法-中国-古代-少年读物 Ⅳ．①E892.2-49

中国版本图书馆CIP数据核字（2012）第008781号

孙子兵法与三十六计中的大智慧
SUNZI BINGFA YU SANSHILIU JI ZHONG DE DA ZHIHUI

总策划	邢 涛	印 刷	唐山楠萍印务有限公司
主 编	龚 勋	开 本	705mm×960mm 1/16
责任编辑	胡开祥	印 张	10
责任技编	黄东生	字 数	150千字
出版发行	汕头大学出版社	版 次	2012年1月第1版
	广东省汕头市大学路243号	印 次	2021年6月第8次印刷
	汕头大学校园内	定 价	34.00元
邮政编码	515063	书 号	ISBN 978-7-5658-0554-7
电 话	0754-82904613		

● 版权所有，翻版必究 如发现印装质量问题，请与承印厂联系退换